注册制下
公司信息透明度
对价格发现效率的
影响研究

杜浩阳 ◎ 著

中国财经出版传媒集团
中国财政经济出版社
·北京·

图书在版编目（CIP）数据

注册制下公司信息透明度对价格发现效率的影响研究 / 杜浩阳著． -- 北京：中国财政经济出版社，2025.1.
ISBN 978 - 7 - 5223 - 3731 - 9

Ⅰ．F279.246

中国国家版本馆 CIP 数据核字第 2025F0253R 号

责任编辑：杨　然　　　　　　责任印制：张　健
封面设计：陈宇琰　　　　　　责任校对：张　凡

注册制下公司信息透明度对价格发现效率的影响研究
ZHUCEZHIXIA GONGSI XINXI TOUMINGDU DUI JIAGE FAXIAN XIAOLÜ DE YINGXIANG YANJIU

中国财政经济出版社 出版

URL：http://www.cfeph.cn
E - mail：cfeph@ cfeph.cn

（版权所有　翻印必究）

社址：北京市海淀区阜成路甲 28 号　邮政编码：100142
营销中心电话：010 - 88191522
天猫网店：中国财政经济出版社旗舰店
网址：https://zgczjjcbs.tmall.com
涿州汇美亿浓印刷有限公司印刷　各地新华书店经销
成品尺寸：170mm×240mm　16 开　10.25 印张　152 000 字
2025 年 1 月第 1 版　2025 年 1 月河北第 1 次印刷
定价：50.00 元
ISBN 978 - 7 - 5223 - 3731 - 9
（图书出现印装问题，本社负责调换，电话：010 - 88190548）
本社图书质量投诉电话：010 - 88190744
打击盗版举报热线：010 - 88191661　　QQ：2242791300

前　　言

2018年11月5日，国家主席习近平在首届中国国际进口博览会上宣布，将在上海证券交易所设立科创板并试点注册制。注册制试点是我国资本市场改革进入深水区的重要标志。在宏观视角下，注册制改革起到提高资本市场效率、引领和示范其他资本市场改革、完善多层次资本市场体系、促进科技与资本深度融合、深化金融供给侧结构性改革等作用；在微观视角下，注册制改革意味着首次公开募股（IPO）行政审批权退出，投资者丧失了审核制下的"看涨期权"保障，同时也意味着投资者在资本市场主体地位的进一步确立，投资者需要更加注重信息的获取和利用，进而激发自身在更多信息中寻求投资价值，客观上推动资本市场有效性的提升。信息披露是资本市场信用体系的基石，注册制改革的关键在于信息不对称下，监管机构和上市企业之间的信息博弈转移为投资者和上市企业之间的信息博弈。因此，信息供给端上市公司的信息披露质量，信息需求端投资者对信息的发现和反应能力，决定了市场的价格发现效率和资源配置效率。注册制的实施建立在高质量信息披露的基础上，那么注册制下公司信息披露能否影响市场价格发现效率，影响机制是什么？此问题的探讨对注册制改革的深化有重要的意义。

基于此，本书选取注册制改革背景下的科创板企业数据为样本数据，结合注册制下上市公司信息披露的实践，以公司信息透明度为关键要素，用价格发现效率作为资本市场有效性的代理变量，研究公司信息透明度对价格发现效率的影响。具体而言，本书通过文献梳理，对公司信息透明度和价格发现效率等关键概念进行界定，并对本书研究的制度背景和理论基础进行阐述。在此基础上，构建公司信息透明度与价格发现效率的经济模型，从理论上阐明信息透明度对价格发现效率的作用机理，奠定了本书的理论分析基础。在实证检验部分，本书借鉴信息论原理，以信息源产生的时间顺序，将反映公司信息透明度的指标聚焦在先导信息的招股说明书信息透明度、即时信息的业绩预告信息透明度和滞后信息的财务报告透明度这三个维度，并运用固定效应模型、异质性分析、中介效应分析等方法，考察了不同维度下公司信息透明度对价格发现效率的影响机制。

本书发现：①招股说明书信息透明度能够显著提高价格发现效率，在 IPO 融资规模比较高、IPO 中签率比较高的分组中结果更为显著，进一步采用中位数回归进行稳健性检验。②业绩预告误差越大，则价格发现效率越低。作用机制分析表明，业绩预告会通过增加资产误定价的程度，降低价格发现效率。在解决了内生性问题后，替换被解释变量进行稳健性检验，结果不变。③财务报告透明度能显著提高价格发现效率。进一步地，该作用的发挥主要通过吸引分析师关注得以实现。同时，当市场流动性较高、企业成长性较高及产权性质为国有企业时，财务报告透明度对价格发现效率的促进作用更为明显。

基于上述研究，本书给出的主要政策建议有以下 3 点：一是明确中介机构职责，促使发行人和中介机构归位尽责，不断提高发行人和中介机构对注册制改革理念的理解和重视，同时提高执行力；二是企业发布业绩预告时，要对业绩进行合理预测，业绩预测如有重大差异，应及时发布更正公告；三是重视科创板财务报告的披露情况，这是提高价格发现效率的重要机制，科创板上市公司也存在财报造假动机，监管部门应提前做好防范。

本书主要有以下 3 点创新：

（1）全方位阐释了资本市场价格发现效率内涵。现有文献对价格发现效率的研究多侧重于某一维度，往往忽略了资本市场价格发现效率的阶段性及整体性。科创板的设立为全方位研究价格发现效率提供了研究场景，本书对科创板企业从 IPO 审核到上市进行多维度研究，能够较为全面地考察价格发现效率。

（2）拓展了公司信息透明度研究范畴。本书依托市场微观结构、有效市场和信息不对称等理论，结合公司信息对资本市场价格发现效率影响的微观结构模型，刻画了公司信息透明度对价格发现效率影响的内在机制。在此基础上，借鉴信息论的原理，按照信息源产生的时间顺序，从上市公司信息视角，将公司信息透明度划分为招股说明书信息透明度、业绩预告信息透明度和财务报告透明度，并分别作为先导信息、即时信息和滞后信息的代理变量，综合考察了不同时点信息透明度对价格发现效率产生影响的作用机制。

（3）揭示了基于注册制背景下公司信息透明度对价格发现效率的影响机制。目前，国内以注册制改革为背景的研究多是基于新股市场表现、制度比较等，但基于科创板上市公司的样本数据，以上市公司信息透明度为视角，全面讨论注册制下，信息透明度与资本市场价格发现效率关系的研究尚属少数。本书揭示了基于注册制背景下公司信息透明度对价格发现效率的影响机制，证实了随着注册制改革的推进，信息传播效率与信息披露质量进一步优化，资本市场价格发现效率有效提升，资源配置功能得以充分发挥。

作者

2024 年 7 月

目 录

第1章 引言 1

    1.1 研究问题、目标与意义 1

    1.2 研究方法 5

    1.3 研究思路 7

    1.4 创新点 8

    1.5 结构安排与主要内容 9

第2章 文献综述 12

    2.1 公司信息透明度的研究 12

    2.2 价格发现效率的研究 19

    2.3 文献评述 27

第3章 概念、制度背景与理论基础 29

    3.1 基本概念 29

    3.2 科创板设立的制度背景 32

    3.3 理论基础 45

第 4 章 理论分析框架与特征事实 ············ 50

4.1 理论分析框架 ············ 50
4.2 注册制下科创板特征事实分析 ············ 57

第 5 章 注册制下招股说明书信息透明度对价格发现效率的影响 ········ 66

5.1 理论分析与研究假设 ············ 66
5.2 研究设计 ············ 69
5.3 结果与分析 ············ 73
5.4 本章小结 ············ 85

第 6 章 注册制下业绩预告信息透明度对价格发现效率的影响 ········ 87

6.1 理论分析与研究假设 ············ 87
6.2 研究设计 ············ 89
6.3 结果与分析 ············ 93
6.4 本章小结 ············ 104

第 7 章 注册制下财务报告透明度对价格发现效率的影响 ········ 106

7.1 理论分析与研究假设 ············ 106
7.2 研究设计 ············ 108
7.3 结果与分析 ············ 111
7.4 本章小结 ············ 124

第 8 章 结论与政策建议 ············ 126

8.1 结论 ············ 126
8.2 政策建议 ············ 128
8.3 研究不足与展望 ············ 130

参考文献 ············ 132
附　　录 ············ 149

| 第 1 章 |

引　言

经济是肌体，金融是血脉，两者共生共荣。党的十八届三中全会以来，为推动实体经济高质量发展，提升金融服务实体经济的能力，我国提出构建多层次资本市场的目标。目前，我国已初步形成"主板（含中小板）+创业板（科创板）+新三板"为主的多层次资本市场体系，为不同类型的实体经济发展搭建了融资平台。尤其是2019年科创板的设立，无论是其多项改革措施的示范效应，还是其他板块的溢出效应，都对我国资本市场改革的深化具有重大政策与现实意义。另外，科创板的另一个属性是注册制，最重要的就是信息披露问题，这对于完善公司的治理结构也有重大意义。

1.1　研究问题、目标与意义

1.1.1　研究问题

资本市场最为核心的功能是价格发现与资源配置。价格发现就是将市场信息及时、有效地融入资产的市场价格，进而推动资产价格趋向均衡的过程（Schreiber et al., 1986）。国际证监会组织（IOSCO）在1992年也指出，价格发现是在投资者的供给和需求发生变化后市场寻求新的均衡价格的过程。关于价格信息效率的理论通常被称为"有效市场理论"①。Fama（1970）指出，在完全有效的市场中，投资者不可能通过任何信息获得超额收益，即在完全有效的市场中投资者的超额收益恒等于零，但如果市场并非完全有效，投资者可以通过对应的信息获取超额收益。在有效的市场下，经典的金融理论强调证券的价值，但常常会忽略市场交易机制在定价和价格波动方面的作用。然而，现实中并不存在没有交易执行成本和摩擦的市场，因此，市场价格的变化不仅受到其内在价值变动的影响，也会受到证券交易机制的影响（刘逖，2002）。本书要研究价格发现效率问题，并由此确定交易机制设计的政策目标。

作为市场交易机制之一的证券市场透明度成为学术界和实务界争论的焦点。证券市场透明度和信息披露一方面是证券市场价格形成的重要环节之一，另一方面也是形成公平、合理价格必不可少的一环。Schreiber 和 Schwartz（1986）指出，价格发现可以理解为市场寻求均衡的过程，随着信息的加入，价格将作出相应调整。理想的有效市场条件要求信息的高度透明，每一个信息能够跨越时空障碍，迅速在市场中被及时、准确且在同一时间传递给所有的投资者，同时融入股票价格中，股价能够对市场上的信息作出反应，使股票价格更加有效，这也正是资本市场价格发现功能的体现。在信息融入价格的过程中，也即新的均衡价格形成的过程中，交易前信息披露的程度直接影响着价格发现的效率。从这一层面讲，证券市场透明度与价格发现效率息息相关，是影响价格发现效率的重要环节之一。

科创板市场备受瞩目，不仅是由于上市企业必须具有科创属性，更重要的是在新股发行制度改革上试点注册制。注册制的实施突破了以往历次发行制度改革中，一直难以触及的"有形之手"和"无形之手"关系的核心问题，"让市场在资源配置中起决定性作用"和"监管机构回归监管本位"

---

① 有效市场的概念由 Fama 等（1969）最先提出，指"根据新信息迅速调整的市场"。Fama（1970）把有效市场理论分为三类：强式有效市场、半强式有效市场和弱式有效市场，这三种类型分别针对市场中所有可获得的信息、所有公开的信息以及历史价格信息三个不同的信息范围。

在制度上得以明确（董秀良等，2020）。同时，科创板要求相对宽松，虽然也参考财务指标，但强调公司的持续经营能力，而非持续盈利能力，并且发行上市审核权力由中国证券监督管理委员会（以下简称"证监会"）下放到证券交易所，报证监会进行注册。注册制的初衷是让资本市场供给更加市场化，充分发挥资本市场资源配置的功能。然而，科创板 IPO 估值过高等现象也反映出一些问题，如定价能力不足、道德风险较高等（董秀良等，2021）。有研究指出，科创板市场定价效率显著提升、价格发现功能显著优化，原因在于询价机制改革更好地实现了发行定价市场化，提升了科创板新股发行定价效率（张宗新等，2020；2021）。从科创板信息披露实践来看，科创板试点注册制的 IPO 信息披露在持续时间、披露文件、披露内容上都有较大改进；但同时也存在一些不足，究其原因，一方面是信息披露导向的改变，另一方面是中介机构仍保留了过去的工作习惯（叶小杰等，2020）。

基于以上分析，科创板的设立为本书研究提供了一个良好的研究场景。注册制与主板核准制的区别是，证券发行审核机构只对注册文件进行形式审查，不作实质判断，这更加凸显了科创板信息披露的重要性。广义而言，证券市场透明度包括市场交易机制透明度和上市公司信息透明度。注册制的实施着力推动和解决的是上市公司信息透明度。狭义而言，证券市场透明度仅是上市公司信息透明度。从科创板上市流程来看，包括了上市前和上市后的信息透明度，本书分别从上市前的招股说明书信息透明度和上市后的业绩预告信息透明度及财务报告透明度展开研究，能够较为综合地刻画公司信息透明度。同时，区别于现有侧重于 IPO 定价效率的研究，本书的研究更为全面，包括 IPO 时的价格发现效率以及上市后的价格发现效率。

注册制改革是我国资本市场基础的制度性改革，是我国股票发行制度的演变。注册制的核心是信息披露，信息披露是资本市场信用体系的基石。这引发了笔者的一些思考：公司信息透明度能否影响注册制下的价格发现效率？影响机制是什么？本书主要围绕科创板上市公司信息透明度与价格发现效率之间的关系展开研究。

1.1.2 研究目标

较长一段时间以来，核准制下主板市场的定价效率低下（魏志华等，2019）。成熟资本市场多采用注册制，与核准制的不同在于，注册制放宽了市场准入门槛，监管重心也有所转变，即由事前逐步转向事中、事后。注册制减少了 IPO 时的行政过度干预，有利于资源配置的市场化。

在资本市场中，投资者往往通过股票价格选择"用脚投票"，进而配置资源。但股票价格不仅反映了基本面信息，也反映了"市场噪声"，"市场噪声"的大小是刻画资本市场运行效率的重要标志。通常，新兴资本市场的市场噪声更大，掩盖了股票的真实价值，从而降低市场资源配置效率（武翰章等，2022）。

本书的研究目标：

第一，以市场微观结构为视角，构建信息透明度与价格发现效率关系的经济模型。

第二，以市场有效性为指导，基于科创板上市公司的样本数据，从理论和实证两个角度，阐释注册制下公司信息透明度对价格发现效率的作用机制。

第三，为我国其他板块实施注册制提供有针对性的参考意见。

1.1.3 研究意义

1. 理论意义

第一，本书研究了注册制下科创板上市公司信息透明度与价格发现效率的关系，有助于解释公司信息透明度对资本市场价格发现效率的作用机制。尽管以往文献已有较多有关该话题的研究（廖士光，2011；朱民武，2015；卢骏等，2015），但都是以沪深主板的上市发行审核制为制度背景的研究，而科创板实施注册制，制度背景发生变化，上市发行机制也不同，这对今后在沪深主板实施注册制改革极具借鉴意义。

第二，本书建立了多个维度，系统考察公司信息透明度。分别从上市前招股说明书的信息披露、上市后业绩预告信息透明度及财务报告透明度三个方面予以展开，同时重点研究了其对价格发现效率的影响机制，一方面横向拓展了公司信息透明度的范畴，另一方面纵向丰富了注册制公司信息透明度的理论研究。

第三，本书研究发现公司信息透明度能显著提升价格发现效率。同时，该作用的发挥受到资产误定价程度、市场流动性、企业成长性及产权性质的影响。这不仅丰富了价格发现效率的研究成果，而且拓宽了注册制下公司透明信息度的研究视野。

2. 现实意义

第一，本书研究的问题聚焦我国注册制改革实践背景，对进一步规范与完善我国资本市场的价格发现及资源配置具有借鉴意义，同时随着我国资本市场国际化的深入发展，对促进新兴资本市场的高质量发展也具有现实意义。

第二，本书从科创板上市公司视角，综合讨论了其对价格发现效率的影响。丰富与拓展了注册制下科创板的研究文献，能够更加清晰认识注册制实施对我国资本市场具有的理论价值，也为今后主板实施注册制提供了有价值的理论借鉴。

第三，本书研究发现，公司信息透明度能够显著提升价格发现效率。一方面，有助于引导科创板价格发现功能的发挥；另一方面，有助于进一步规范与引导科创板企业融资需求，助力国家科技创新的深入发展。

1.2　研究方法

1.2.1　演绎推理法

本书以市场有效性理论和信息不对称理论为基础，聚焦信息市场的微观结构，以信息透明度对价格发现效率的影响为研究方向，在假设信息交易者理性的基础上，推导出信息交易者效用最大化时，信息透明度能够正向地推动市场价格发现效率，从理论上阐明了信息透明度对价格发现效率的作用机理，并以此为理论分析框架，构建公司信息透明度的度量指标。笔者分别从招股说明书信息透明度、业绩预告信息透明度和财务报告透明度三个方面，研究公司信息透明度对价格发现效率的影响，阐释了注册制下公司信息透明度对价格发现效率的影响机制。

1.2.2 定量分析法

定量分析法是对研究目标及相关指标的数量特征、数量关系与数量变化展开分析的方法，在社会问题研究中广泛应用。本书为了检验注册制下科创板上市公司信息透明度对价格发现效率的影响，首先通过对样本数据进行描述性统计及单变量考察，分析样本数据特征，为后续实证分析方法的选取提供数据支持；其次根据数据特征，分别选取截面回归、固定效应模型等实证模型，考察不同维度下信息透明度对价格发现效率的影响，并进一步讨论了模型内生性、稳健性等问题；最后依据客观数据事实，给出对应的政策建议。

1.2.3 中介效应检验

根据本书研究主题，对基准回归部分的中介效应进行以下检验：

第一，分析公司信息透明度对价格发现效率的回归结果，检验回归系数 c 的显著性（检验 H0：$c=0$）。

第二，分析公司信息透明度对资产误定价的回归结果，检验回归系数 a 的显著性（检验 H0：$a=0$）。

第三，分析加入中介变量资产误定价后，公司信息透明度对价格发现效率的回归结果，检验回归系数 b 和 c' 的显著性（检验 H0：$b=0$，H0：$c'=0$）。

根据检验结果按图 1-1 进行判断。

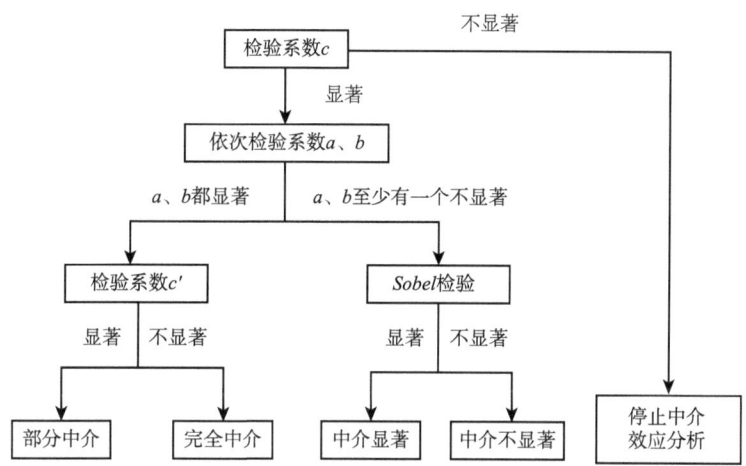

图1-1 中介效应检验

1.3 研究思路

本书结合我国资本市场高质量发展的时代背景,以注册制的改革为契机,探究公司信息透明度对资本市场价格发现效率的影响,并分别从招股说明书信息透明度、业绩预告信息透明度和财务报告透明度三个方面阐释其对资本市场价格发现效率的影响及作用机制。具体研究思路如图1-2所示。

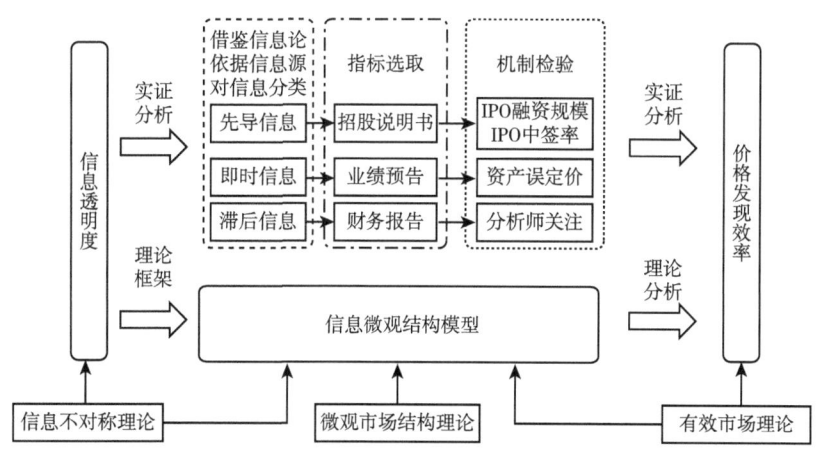

图1-2 研究思路

1.4 创新点

本书系统阐释了注册制背景下公司信息透明度对价格发现效率的影响及作用机制,以市场微观结构为视角,构建信息透明度与价格发现效率关系的经济模型,阐释了以招股说明书信息透明度、业绩预告信息透明度和财务报告透明度作为度量公司信息透明度指标的依据和理由。同时,以市场有效性为依据,基于科创板上市公司的样本数据,从理论和实证两个角度,阐释注册制下公司信息透明度对价格发现效率的作用机制。

第一,多维度考察了资本市场价格发现效率的内涵。现有文献对价格发现效率的研究多侧重于某一维度,往往忽略了资本市场价格发现效率的阶段性及整体性,而科创板的设立为全方位研究价格发现效率提供了一个研究场景,本书对科创板企业从 IPO 审核到上市过程进行多维度研究,能够较为全面考察价格发现效率。

第二,拓展了公司信息透明度研究范畴。目前学者多从会计视角研究公司信息透明度,从信息源视角对公司信息透明度进行分类,并构建资本市场微观结构模型,考察公司信息透明度的影响,此类研究尚属少数。本书依托市场微观结构、有效市场和信息不对称等理论,结合公司信息对资本市场价格发现效率影响的微观结构模型,刻画了公司信息透明度影响价格发现效率的内在机制。在此基础上,借鉴信息论的原理,按照信息源产生的时间顺序,从上市公司信息视角,将招股说明书信息透明度、业绩预告信息透明度和财务报告透明度分别作为先导信息、即时信息和滞后信息的代理变量,综合考察了不同时点信息透明度对价格发现效率影响的作用机制。

第三,揭示了基于注册制背景下公司信息透明度对价格发现效率的影响机制。目前,国内以注册制改革为背景的研究多是基于新股市场表现、制度比较等，但基于科创板上市公司的样本数据，以上市公司信息透明度为视角，全面讨论注册制下信息透明度与资本市场价格发现效率关系的研究还不广泛。本书依据信息源的分类，从信息使用者的视角，揭示了公司信息透明度在 IPO 融资规模、资产误定价、市场流动性、企业成长性、产权性质等作用机制下对价格发现效率影响的差异，证实了随着注册制改革的推进，信息的传播效率与信息披露质量进一步提高，资本市场价格发现效率有效提升，资源配置功能得以充分发挥。

1.5 结构安排与主要内容

本书共分为 8 章，其余各章的结构安排与主要内容如下。

第 1 章，引言。介绍本书的研究问题、研究方法、研究思路、创新点等。

第 2 章，文献综述。回顾和归纳公司信息透明度的内涵发展、度量方法、影响因素及经济后果，同时对价格发现的影响因素进行全面的梳理，梳理了公司信息透明度对价格发现效率的影响机理，构筑本书的研究出发点。

第 3 章，概念、制度背景与理论基础。本章结合全书的研究主题，对注册制下公司信息透明度和价格发现效率的基本概念进行界定，说明本书研究的问题。阐释科创板设立背景、初衷、简要发展，以及不同于沪深主板市场的交易机制设计等，并说明全书研究的现实意义。系统梳理研究相关的理论基础，在此基础上，阐释公司信息透明度影响价格发现效率的理论逻辑，为下文理论研究框架的提出奠定基础。

第 4 章，理论分析框架与特征事实。本章首先从市场微观结构出发，构建信息交易者的经济模型，从理论上分析了信息透明度与价格发现的关系。考虑到本书的实证研究是以科创板注册制改革为事实背景，用科创板数据作为准实验样本，验证信息透明度与价格发现效率的关系。为此，本章对科创板样本数据进行区域、行业等基本特征分析，为后文的研究设计与实证分析奠定基础。

第 5 章，注册制下招股说明书信息透明度对价格发现效率的影响。对招股说明书信息透明度的衡量主要采用上市前 3 年的财务数据，参考已有文献的做法，将操控性应计盈余作为招股说明书信息透明度的代理变量，然后研究招股说明书信息透明度对价格发现效率的影响及机制问题。本章主要发现，招股说明书信息透明度能够显著提升价格发现效率，并在 IPO 融资规模比较大、IPO 中签率比较高的组体现更为明显。中位数回归结果进一步证实了这一点。这说明，在注册制背景下，证监会出台的招股说明书信息披露的规定较为有效，至少在资本市场的价格发现功能方面是非常有效的。

第 6 章，注册制下业绩预告信息透明度对价格发现效率的影响。根据科创板业绩预告的规定，有针对性地选择了是否发布业绩预告和业绩预告的准确性作为业绩预告透明度的代理变量，并进行了分析。同时，为增加结果的稳健性，替换被解释变量进行稳健性检验，结果发现，业绩预告误差越大，价格发现效率越低。

第 7 章，注册制下财务报告透明度对价格发现效率的影响。选择以可操控性应计盈余作为公司信息透明度的代理变量，运用中介效应分析方法，阐释了分析师关注的中介效应。研究发现，财务报告透明度能显著提升价格发现效率。进一步，该作用的发挥主要通过吸引分析师关注得以实现，同时受市场流动性、企业成长性及产权性质等的影响。具体而言，当市场流动性较高、企业成长性较高及产权性质为国有企业时，财务报告透明度对价格发现效率的促进作用更为明显。相反，当市场流动性较低、企业成长性较低及产权性质为非国有企业时，该影响不再显著。

第 8 章，结论与政策建议。根据本书的研究，阐述基本结论，并从不同角度分别提出政策建议，同时针对本书的研究不足提出进一步建议。

本书的研究框架如图 1-3 所示。

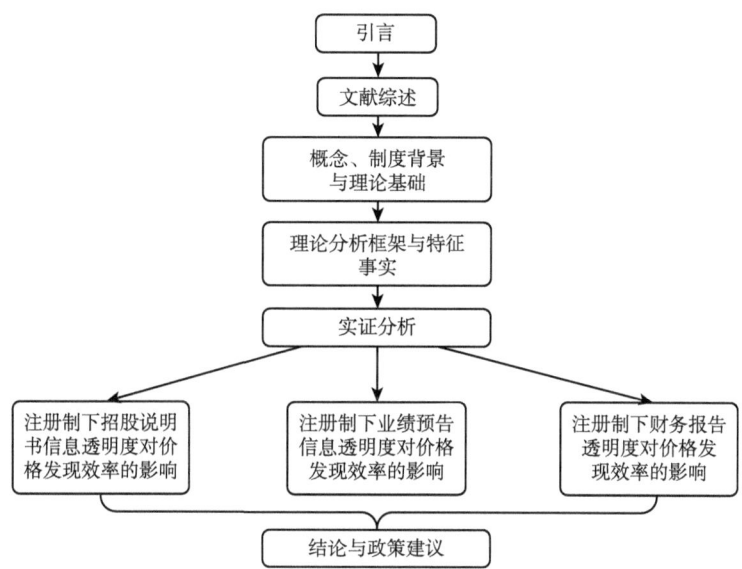

图 1-3 研究框架

| 第 2 章 |

文献综述

信息是市场的基础要素之一,同时也是市场经济主体作出决策的重要依据。信息透明度是市场参与者在交易过程中取得信息的能力或程度,与经济活动之间密切相关。信息透明度与价格发现效率的关系一直是学者关注的热点。本章对公司信息透明度和价格发现效率的国内外经典文献进行梳理,为全书的研究奠定基础。

2.1 公司信息透明度的研究

2.1.1 公司信息透明度的内涵发展

现有研究对信息透明度的内涵作出了不同的界定。通过查阅已有文献,进行综合梳理,发现其内涵主要包含"信息"和"透明度"两方面的要求,首先主体必须是"信息",其次"信息"要有"透明度"。理论界和实务界真正关注上市企业信息质量的重要性始于 20 世纪 90 年代。信息透明度的发展大致可以划分为四个阶段,主要如下:

(1) 将透明度作为会计信息的质量特征。美国证券交易委员会于1996年发布的关于评价国际会计准则委员会"核心准则"的报告认为,透明度是公司会计信息质量的重要组成部分之一。国内学者认为信息透明度相对全面地概括了会计信息质量(魏明海等,2001),也有学者将信息透明度定义为会计信息对公司真实收益能力的反映程度(Bhattacharya et al., 2003)。该阶段的研究通常把信息透明度与会计信息质量等同。

(2) 将透明度解释为一个包括会计信息在内的公司所有信息质量特征的总和。巴塞尔银行监管委员会(BCBS)于1998年9月发布了《增强银行透明度》的研究报告,将信息透明度定义为"公开披露可靠与及时的信息,有助于信息使用者准确评价一家银行的财务状况和业绩、经营活动、风险分布以及风险管理状况",并认为透明的信息特征包括全面性、相关性、及时性、可靠性、可比性和重大性六个方面。葛家澍(2002)认为,广义的信息透明度包括了信息高质量的全部含义。刘银国等(2005)认为,公司向外界进行虚假、误导或不及时披露等,均是产生信息不透明的原因。该阶段,学者们对信息透明度的研究拓展为所有有质量的公司信息。

(3) 把透明度作为相关信息机制作用下信息系统综合输出的结果。张程睿和王华(2006)认为,信息透明度一方面包含公司强制性披露和自愿性披露的质量和数量,另一方面具有相对性和动态性的特征。该阶段,学者们对信息透明度内涵的理解更强调系统性的综合输出。

(4) 以信息使用者为中心的公司信息透明度。Bushman等(2004)的研究认为,公司信息披露强度、即时性、质量等内在条件影响信息透明度。同时,信息中介对公司特质信息的释放效率、信息传播效率等也是影响信息透明度的重要因素。綦好东和王金磊(2016)将信息披露分为两个方面来看待:一方面,信息披露用来评价信息供给者;另一方面,信息透明度用来反映信息外部使用者对信息的了解程度。该阶段,信息透明度不仅被看作单方面的信息生产、输出过程,其最终立足点在于以投资者为核心的信息使用者对公司特有信息的充分获取和理解上。

2.1.2 公司信息透明度的度量方式

对于公司信息透明度的衡量，国外学者已经取得比较大的研究进展（周冬华等，2009）。目前，主流的度量方式有四种：一是直接采用相关权威机构的评价结果；二是学者自行构建的综合评价指标；三是分析企业自愿披露的信息；四是用特定代理变量进行综合衡量。在既有研究基础上对四种度量方式的简述如下。

（1）直接采用相关权威机构的评价结果。目前主要的权威机构评价结果包括深圳证券交易所（以下简称"深交所"）对上市公司信息披露的年度考评结果、标准普尔透明度考评等，这类评价结果在相关研究中的应用相对广泛。例如，Gelb 和 Zarowin（2002）、Bens 和 Monahan（2004）等采用美国投资管理和研究协会（Association for Investment Management and Research，AIMR）的信息透明度评级指数，Healy 和 Palepu（2001）采用标准普尔（Standard & Poor's，S&P）的信息透明度评级结果。也有学者利用我国 A 股数据构建相关评价结果，诸如中国公司信息透明度指数（CCEI）（高明华，2010）、中国上市公司治理指数（CCGI）等。我国证券交易所自 2001 年起发布上市公司信息质量评级，具有较为权威的参考价值，并得到学者广泛采用（周晓苏等，2010；杜兴强等，2010；黄秀女等，2019；陈远志等，2021；江婕等，2021）。

（2）学者自行构建的综合评价指标。在具体研究过程中，学者一般是采取自行构建公司信息透明度综合评价指标的方式进行综合测度与评价；在具体理论分析基础上，结合研究主题与研究框架，不断完善评价标准并形成适用于研究的评价指标（杜运潮等，2016；江兵等，2016；刘捷先等，2020；童昕等，2020）。例如，童昕和罗朝璇（2020）以全球报告倡议组织数据库中的企业可持续发展报告资料为基础，辅以企业官方网站上自愿发布的可持续发展报告，采用文本分析方法，结合生产者责任延伸制度（Extended Producer Responsibility，EPR）的具体要求，建立了生产者 EPR 履责绩效评价体系。綦好东和王金磊（2016）借鉴上市公司的信息公开标准，构建了 4 个层级、包含 37 个指标的体系。基于此方法，綦好东等（2016）进一步分析了中国 868 家地方非上市国有控股公司 2014 年和 2015 年的信息透明度情况。自行构建综合指标的方法也存在一些问题，主要表现为权重的主观性、样本数量的局限性等。

（3）分析企业自愿披露的信息。非企业人员难以分辨企业主动披露的信息的真伪，一些学者通过构建相关数据指数的方式度量企业自愿披露信息的程度。例如，江兵和彭笑笑（2016）设计出基于违规处理数据库信息和 15 个重要财务指标披露信息体系。Bushman 等（2004）认为，使用公司财务信息披露的强度和及时性可以刻画信息透明程度。此类方法相对简洁，但也存在一定问题。例如，指标与财务报告质量的关系并不密切、信息披露渠道的多元化等。

（4）用特定代理变量进行衡量。该衡量方法在学术界被广泛采用，但是目前为止，测度的统一标准尚未形成共识。例如，Hunton 等（2010）在具体研究中以真实盈余管理作为代理变量来表征公司信息透明度，他们认为真实盈余管理程度与公司信息透明度之间存在负向关联，即较高的真实盈余管理程度可以反映较低的公司信息透明度。Choi 和 Kim（2017）的研究表明，可以用企业的未来盈余反应系数来衡量公司信息透明度，该系数与公司信息透明度之间存在正向关联，即数值越大，说明投资者对企业未来的盈余信息具有越高的可获取程度。从投资者视角出发，代理变量的作用有限。

2.1.3　公司信息透明度的影响因素

学者们围绕公司信息透明度的影响因素，展开了较为翔实且系统的研究工作。已有研究表明，我国资本市场的制度建设目前仍应致力于改善信息披露质量和提高信息透明度。江婕等（2021）以 2001—2017 年中国 A 股上市公司为样本，分别从公开信息、私人信息、监管评价三个维度选取基于会计报表、市场交易和交易所评价的信息透明度指标，研究发现，无论是基于会计报表信息构建的应计盈余管理指标、基于市场交易信息构建的股价同步性波动指标，还是基于交易所评价的信息披露考评指标，都显著支持公司信息越不透明则未来股价崩盘风险越高的研究假设。进一步研究发现，多维信息透明度与股价崩盘风险之间都未呈现出非线性关系。现有文献对影响信息透明度的因素大致归结为内部动因、外界压力、外部环境、政府干预、公司治理结构等方面。

（1）内部动因对信息透明度的影响。Jin 和 Myers（2006）的研究表明，公司管理层往往不愿意披露利空消息，尤其是当公司运营不佳时。谭劲松等（2010）的研究表明，优质业绩的企业和需要融资的企业具有较强的信息披露动机，以期减少信息不对称下导致的融资成本上升。Armstrong 等（2014）认为，公司具有适度调整信息透明度的能力。田高良等（2019）认为，公司风险承担水平越高，管理层越有隐藏公司信息的动机。结合现有研究可以看出，公司往往会对其信息透明度进行管理，原因还是基于公司自身利益。

（2）外界压力对信息透明度的影响。王艳艳和陈汉文（2006）认为，外部监督机制能提高信息透明度。王雄元等（2009）研究发现，市场竞争与公司信息透明度的关系是非线性的。陈红等（2014）研究发现，媒体曝光有利于上市公司的信息透明度提升。刘维奇和武翰章（2021）以我国深市 A 股上市公司为样本，研究发现分析师关注显著降低了公司特质风险。资本市场开放提高上市公司透明度的潜在途径受到了外部司法效率水平和优化公司内部治理的影响（李静等，2021）。涂建明和曹雅琪（2021）基于深交所推行的投资者实地调研制度及相关信息的披露，研究发现机构投资者的实地调研能改进上市公司当年及后一年的财务信息质量；较高的调研便利性会强化机构投资者实地调研提高财务信息质量的作用。

审计委员会监管信息供给与投资者的信息需求之间矛盾突出，审计委员会如何平衡信息披露的收益与成本，成为学者关注的焦点。陈汉文等（2022）研究发现，审计委员会透明度的提高显著提升了企业会计信息质量，且该效应在错报风险和代理成本较高的公司中更加显著；进一步，审计委员会透明度的提高通过促进审计委员会履职的有效性，进而提高了企业会计信息质量。

（3）外部环境对信息透明度的影响。Hodge 等（2004）研究发现，财务信息搜索引擎技术的发展通过改善外部投资者信息获取和信息整合的能力，进而改善上市公司信息透明度。高雷和宋顺林（2007）肯定了两者的相关性较强。周兰和谢海强（2013）发现，外部经济环境不好时，公司往往会通过提高信息透明度、减少信息不对称的方式获取信贷融资。Ball 等（2016）发现，会计政策环境会对信息透明质量产生影响。翟光宇和张博超（2017）发现，货币政策环境通过影响融资约束进而影响信息透明度。王海林和王晓旭（2018）认为，公司国际化程度可促进信息透明度提升。诸多研究均表明，外部环境的变化会对公司的信息透明度产生影响，但影响程度存异。

（4）政府干预对信息透明度的影响。Faria-E-Castro 等（2016）发现，金融信息披露在危机时期可以起到稳定金融系统的作用，然而在正常时期却具有与之相反的效果。Piotroski 等（2015）发现，重大国家会议期、省级官员晋升期，公司信息透明度降低。Goldstein 和 Guembel（2008）认为，当资本市场表现成为政府制定政策的重要依据时，公司的信息透明度降低。

（5）公司治理结构对信息透明度的影响。徐向艺等（2010）研究发现，民营上市公司的信息透明度与实际控制家族成员同时出任董事长和首席执行官存在负向关系。代彬等（2011）发现，国有上市公司也存在控制权与公司信息透明度的负相关性。此外有学者发现，公司董事会的有效性（孙光国等，2014）、战略投资者（Boone et al.，2015）、管理层激励（付强等，2019）等影响公司信息透明度。可见，公司治理水平与信息透明度之间存在正向关系。

基于上述分析，可以看出公司信息透明度的影响因素有多样性、复杂性等特征，对于信息透明度的高低究竟是哪一方面或哪种因素单独作用的结果，难以有明确的结论。因此，不能直接使用某一类或某个单一的要素作为信息透明度的替代变量。

2.1.4 公司信息透明度的经济后果

提高上市公司信息透明度有利于保护中小股东权益，提升政府监管和资本市场效率。信息透明度的提高不仅可以增加投资者监控经理的能力，防止管理层自我交易和过度投资（Stulz，2009），也可以减少信息不对称，提高股票流动性，降低投资者购买公司股票溢价，降低资本成本，进而增加公司价值（Leuz et al.，2000；Lang et al.，2012）。

对于公司信息透明度的经济后果方面，学者们已经开展了系统的研究，且取得了较为丰硕的成果。其中，大部分学者认为财务信息透明是企业信息透明的关键（王艳艳等，2006），其密切影响公司的内部治理和外部治理（高雷等，2007），有助于改善公司代理问题（刘静等，2018），提升公司股票流动性（蔡传里等，2010）。也有研究认为，中国股市主要是以散户为主，该群体作为信息获取的劣势方，往往对资本市场的信息获取存在一定偏差，企业财务信息能够及时、准确、真实地公开披露，有利于这一类型的投资者能够充分获取相关信息，消除部分信息偏差，进而降低资本市场运行效率受噪声影响的程度（唐雪松等，2014）。相关研究认为，公司信息透明度会影响大股东的资金占用程度（姚文韵等，2017）。

聚焦科创板上市公司透明度的研究来看，由于科创板具有科技属性，对该板块的研究备受瞩目。大致有两个方面：一是交易机制的研究，科创板交易制度提高了市场的价格发现效率（梁睿等，2022）。注册制改革能够显著降低 IPO 抑价，促进 IPO 定价效率的提升（梁鹏，2022；张岩等，2022）。二是基于招股说明书信息透明度的研究。文献研究发现，审核问询能显著提升企业的信息披露水平，信息披露水平的提升程度则会影响问询本身对企业 IPO 表现的作用（张宗新等，2021；胡志强等，2022）。董秀良等（2021）发现，注册制询价改革提高了询价对象的门槛，避免了询价机构的过度竞争并改进了 IPO 定价效率。在科创板试点注册制实施市场化询价改革的背景下，投资者逐步回归理性，提升了 A 股市场定价机制的有效性（张宗新等，2020）。

2.2 价格发现效率的研究

2.2.1 价格发现效率的内涵发展

较早提出价格发现概念的学者 Schreiber 和 Schwartz（1986）认为，价格发现就是要将市场信息及时而有效地融入资产价格中。为了考察价格发现及其效率，学术界在这方面做了很多的研究，其中影响较大的主要有两个：一是 Hasbrouck（1995）提出的信息份额模型，二是 Gonzalo 和 Granger（1995）提出的永久短暂模型。

文献研究较多集中于期货市场的价格发现方面。期货的价格发现指携带现货标的信息的投资者参与期货市场，从而使信息通过期货价格得到充分表达，最终形成合理的价格，进而指引现货市场价格。期货市场参与者众多，在杠杆交易、双向交易的影响下，对信息反应更加敏感，市场效率更高，价格反应更加充分，因此价格发现功能是期货市场的基本功能。

就股票市场而言，价格发现效率是检验资本市场是否有效的试金石。价格发现是一个或多个市场寻找均衡价格的过程，它主要衡量价格反映信息的程度。价格发现并不等同于一般意义上的"价格决定"，它涉及市场结构、市场行为、市场信息等概念。在完全竞争市场中，资产的价格能够对信息作出迅速及时的反应。但在现实中，受到市场交易机制、投资者认知偏差、信息透明度等市场微观结构的多重影响，具有信息优势的投资者可能获得超额收益，从而使资产的价格偏离其内在价值。

2.2.2 价格发现效率的度量方式

现有文献对价格发现效率的度量主要有两种：一种是针对单个市场价格

发现效率的分析；另一种是针对期货与现货市场价格发现效率的研究。本书侧重于股票市场的研究。具体而言，主要有股价同步性、价格拟合度、日内定价误差等方法。

Pagano 和 Schwartz（2003）指出，价格同步性是对价格发现效率的一种衡量。所谓价格同步性，即在一个相对的时间内，公司层面信息正常的各个股票与市场大盘的走势具有同步性，这种同步性取决于公司层面的信息和市场机制方面的信息融入股票价格的程度（Roll，1988）。Pagano 和 Schwartz（2003）认为，股票之间价格调整的不同步和单只股票价格发现效率的不准确性是相关的，因此，可以通过分析股票价格之间的同步性来研究价格发现效率的问题。其后，费方域和孙培源（2003）、Comerton-Forde 等（2007）运用这种方法进行了相关研究。这种方法的优势在于能够对价格发现效率做比较直接的检验，因此，本书也主要运用这一方法来考察公司信息透明度对价格发现效率的影响。

价格拟合度分析最早由 Biais 等（1999）提出，并用于研究开盘前的价格发现效率问题。由于股票的均衡价值无法被观察到，Barclay 等（2008）以及 Chen 等（2009）选择以当天股票的收盘价作为股票均衡价值的替代变量开展研究。同样，以前一天的收盘价格作为股票的市场预期价值。如果交易价格是有效的并且是完全信息的，那么它就是资产基本价值的无偏预期。如果市场存在一个学习的过程，交易价格的信息含量会逐步地增加，相应的这种不确定性就会减少。

Hasbrouck（1993）认为，交易价格包含有效价格和定价误差两部分。非平稳的时间序列可以分解为随机游走部分（Random Walk Component）和剩余平稳部分（Residual Stationary Component），将其应用到证券交易价格中来，可以将交易价格也分解为随机游走部分（有效价格）和剩余平稳部分（定价误差），定价误差方差就是对交易价格与有效价格偏离程度的衡量，即对价格发现效率的衡量。

2.2.3 价格发现效率的影响因素

对价格发现效率影响因素的相关文献进行梳理和总结后发现，影响价格发现效率的因素大致有三个类别：一是资本市场需求方，包括有融资需求的企业，如上市公司等；二是资本市场供给方，包括机构投资者、个人投资者等市场参与主体；三是市场交易机制。因此，本部分选择资本市场需求方——上市公司信息透明度，资本市场供给方——投资者的异质性，以及市场交易机制这三个方面予以文献回顾。

1. 资本市场需求方

上市公司信息透明度和信息披露质量直接影响市场质量和市场功能的发挥。在分析市场质量对价格发现效率的影响时，主要从交易量、交易成本、流动性以及市场透明度四个方面对国内外文献进行梳理。

交易量可以提高价格发现功能。Chakravarty等（2004）的研究发现，纽约市场对公司股票的价格发现起着主导作用，而交易量是价格发现的主要解释因素（王群用等，2005）。陈学胜等（2009）以"A+H"交叉上市股票为研究样本，在现代市场微观结构理论分析的基础上，认为交易量与价格之间的关系可以反映交易者的交易行为与价格波动的相互影响，并且两者之间的关系也可以反映市场中信息的传递以及投资者对信息的获取和价格发现过程。周舟等（2013）的研究认为，市场交易量对价格发现有显著影响。国外学者Mutlu和Ank（2015）发现，股票市场交易额会影响个股期货的价格发现。Adammer等（2016）在研究中发现，交易不活跃的法兰克福猪期货市场的价格发现贡献度依然大于现货。

交易成本可以影响价格发现功能。Stoll和Whaley（1990）的研究认为，交易成本低的市场通过吸引投资者参与而增强其价格发现能力。Frino和West（2003）对大阪证券交易所（OSE）和新加坡国际金融交易所（SIMEX）交易的Nikkei-255股指期货进行了对比分析，并研究了跨市场上市的指数期货间的价格发现能力。同样基于该假说，国内学者张宗新等

（2006）研究发现，交易成本低的工具价格发现功能强，价格信息含量高。蔡向辉等（2010）的研究也发现类似结论。李斌等（2012）的研究表明，价格发现速度和未来的市场流动性有密切关系。此外，也有研究认为期货市场交易成本上升导致期货市场信息含量的下降，会削弱其对股票市场的价格影响，并且会对期货价格对现货价格"助跌强于助涨"的影响模式产生影响与改变，期货交易成本变动对其价格发现功能产生负面影响（许荣等，2019）。

流动性较好的市场具有较强的价格发现功能。早期研究中有学者发现，期货与其成分股存在"超前—滞后"关系，如果相对现货市场而言，期货市场更为活跃的话，期货市场的价格变化一般是领先于现货市场的（Chan，1992）。学者们以香港股票指数期货为对象进行高频分析，发现常规期货合约因流动性好而在价格发现过程中起主导作用（Zhang 等，2010）。与此同时，陈学胜等（2009）发现流动性、市场稳定性及信息不对称都不同程度地影响了公司A股和H股的价格发现能力。陈磊等（2013）研究显示，我国沪深A股市场大宗交易的价格发现功能弱，而普通场内交易的价格发现功能强。陶利等（2014）认为，当股指期货市场相对现货市场更活跃或者市场波动率较低，股指期货市场的价格发现能力会显著提高。Hales（2015）发现，流动性对拉丁美洲存托凭证的价格发现能力有促进作用。

市场透明度影响价格发现功能。市场透明度是市场参与者在交易过程中取得信息的能力或程度，信息是影响价格发现的重要因素。作为资本市场的核心，信息透明度和价格发现效率之间的关系也一直是学术界关注的重点和焦点。Madhavan（1996）认为，当市场流动性不足时，信息透明度太高会造成流动性的降低，最终的结果是价格波动也会随之增加。Boehmer 和 Yu（2003）发现，在限价订单簿条件下，信息透明度会提高价格发现效率。Madhavan（2005）发现，知情投资者会加快价格发现。李洋等（2020）通过构建一个包含信息摩擦和交易者学习的两期经济模型，并在模型中引入预期偏差和参考点依赖偏好来刻画交易者的有限理性特征，据此分别讨论了完全理性和有限理性条件下的市场出清过程，并给出了盈余公告后价格漂移现象的理论解释和抑制，由交易者有限理性导致的价格异象的途径价格发现效率与信息披露质量正相关。也有学者认为，过度的信息透明不利于价格发现。马正欣等（2011）发现，指令簿的透明度与价格发现之间存在非线性关系。方立兵等（2017）通过拓展Pouget模型，基于信息不对称的适应性学习视角，对透明度与市场效率之间的关系进行了考察，结果发现，在增加透明度之后，市场效率大幅降低，价格发现和福利配置都难以收敛至理性预期均衡。

在既有研究的基础上可以看出，信息透明度可以促进市场流动性与效率，但如果信息透明度过高，则会反过来损害市场质量。

2. 资本市场供给方

资本市场供给方，或者说投资者，也是影响价格发现效率的重要因素。随着我国大力发展机构投资者，机构投资者在资本市场中发挥着越来越重要的作用。机构投资者的出现最早可以追溯到18世纪末的西方资本市场，我国机构投资者的出现则较晚，直到20世纪末才在我国资本市场中出现。随着资本市场的完善，机构投资者逐渐壮大成为市场的一股重要力量。

机构投资者相比个人投资者更具价格发现能力。Wang（2003）发现在控制美国期货市场风险因素后，投机者存在逆向交易行为，与市场情绪和非正常超额收益正相关，但其预测未来价格的能力较差。王文虎等（2016）认为，个人投资者过度自信和噪声交易行为无助于我国商品期货市场价格发现。刘维奇等（2014）认为，个人投资者往往倚重历史信息和小道消息，很难对股价作出全面的判断。顾京等（2013）认为，股指期货交易参与主体的构成结构会影响市场价格发现功能的发挥。个人投资者主要从事短期投机交易，绝大多数都为日内交易，若投机者比例过高，期货市场价格严重背离现货市场价格。刘维奇等（2014）国内学者研究发现，机构投资者的交易行为更理性，且可以提高交易价格中的信息含量，有利于促进期货市场的价格发现和套期保值功能。Jiang等（2014）认为，机构投资者的行为可能对股指期货的价格发现能力影响较大。

机构投资者的调研对价格发现效率及市场反应也有一定的影响。Cheng

等（2016）发现，调研前后的股票价格波动情况与企业未来盈余呈正相关。机构实地调研行为会显著影响上市公司市场反应，优化价格发现效率（李昊洋，2017；黎文靖等，2018），提高企业的信息披露水平及质量（谭劲松，2016），加速公司私有信息公开化的速度，提升投资者会计信息可比性水平（林婷，2018），提高股票定价效率（陈小林等，2012）和股价信息含量（曹新伟等，2015）。机构调研报告的语气也会影响企业股价（黄清华，2019）。

此外，机构投资者能通过网络提高股价特质信息含量，促进市场信息效率提升，机构投资者的网络位置越高，对信息效率的促进作用越大（刘广等，2022），机构投资者网络中心性与信息融入股价的速度以及股价信息含量显著正相关（吴晓晖等，2020）。在机构投资者异质性方面，公募基金、社保基金、合格境外机构投资者（QFII）持股体现了其对未来价值信息的追求，也促进了股票未来价值信息融入股价，而受监管较少的私募基金既未体现出对价值信息的关注，也未能促进价值信息融入股价（黄少安等，2022）。从信息多寡的角度来看，知情投资者交易越多，公司股价同步性越低；非知情投资者交易越多，股价同步性越高。这支持股价同步性"信息效率"假说，说明当前我国股票市场以信息交易为主导（曹啸等，2021）。

从股价同步性来看，机构投资者持股比例高的股票，股价同步性更低（陶瑜等，2016），机构投资者的信息交易将使价格更有效地反映资产潜在收益，从而提高市场效率（张原野等，2019）。但也有研究认为，机构投资者持股比例的增加会在一定程度上减弱信息效率，原因在于机构投资者利用私有信息增持股份的信息被更多的投资者获取并加以模仿，导致股价有偏（如羊群行为）且股价所承载的私有信息减少，从而降低了信息效率。外资持股显著降低了股票的流动性（杨秋平等，2022）。

通过以上回顾不难发现，从机构投资者发挥的作用来看，已有文献主要从股价同步性、股价信息含量、市场流动性等方面进行分析，一方面是尚未达成共识，另一方面是尚未探索注册制背景下的科创板，该方面的研究尚有较大空间。

3. 资本市场交易机制

交易制度是影响价格发现的重要因素之一，交易制度对价格的影响主要从两方面论述：涨跌停制度和交易机制。

1987 年，美国纽约市场发生了有史以来最大的股票崩盘事件，之后许多市场实施了股票价格限制，比如熔断机制、涨跌幅限制、断路器等稳定价格的机制，以此来限制股价的异常波动。国内外学者对股价涨跌幅在价格发现中的作用存在较为激烈的争议。一方面，有学者认为涨跌停幅度限制可以提高价格发现效率。涨跌幅的支持者 Greenwald（1989）认为，在价格剧烈变动时，涨跌幅可以导致交易涨停。另外，投资者在停牌期进一步消化和吸收市场信息，形成新的股价评估，从而作出更加有利的交易决策（Corwin，2000），进而减少信息不对称，提高市场透明度（Madura 等，2006）。然而现实中，上市公司可能会存在随意停牌的现象，这会阻断交易的连续性，从而使投资者面临更大的流动性风险（Bernardo et al.，2004）。与此同时，有研究认为，停牌实施效果的关键在于噪声交易风险和资产价值不确定性的多寡，对于信息不对称程度较高的股票，适时停牌有利于提高价格发现效率；对于噪声交易风险较高的股票，停牌有利于降低流动性风险（李洋等，2018）。刘煜辉等（2003）研究认为，在持续风险冲击下，涨跌停制度可缩短风险冲击时间，提升市场效率。另一方面，一些学者认为涨跌限制总体上降低了股票的流动性，但其对股票流动性中断的影响作用仅表现在涨停时，涨跌限制也会延迟股票的价格发现，涨停或跌停后股价依然沿原来的方向和轨道继续波动，会存在价格发现延迟的现象。Fama（1990）在研究中指出，涨跌幅度限制将会抑制正常价格的发现过程和基本波动性。Dow 和 Gordon（1997）则认为，信息只有在连续交易时才能广泛地传播、发散，据此，涨跌限制不仅不能降低信息的不对称，反而会进一步阻碍信息的传播与发散，这会使投资者之间的信息不对称和噪声交易行为呈现增加态势。孙培源等（2001）发现，涨跌幅限制在一定程度上阻碍了价格均衡的过程，抑制股价波动，其减少过度投机目标收效并不明显。刘建江等（2006）在国内外关于股票价格限制机制效应的理论与经验研究成果基础上，对我国股市的交易价格限制制度与价格波动及交易流动性之间的关系展开了实证分析，研究认为，在股价达到涨跌幅限制之后，会产生股价波动性溢出效应和价格发现延迟效应。与此同时，还会导致流动性干扰效应。鉴于此，随着我国股市的不断成熟，在增加市场透明度的基础上，可以综合考虑对其价格限制机制进行适当的调整。廖静池等（2009）则使用深圳 A 股市场的停复牌和交易数据，通过"异常观察值"的测算，对中国股票市场停牌制度的实施效果进行实证分析，结果发现，股票市场停牌是缺乏效率的。

交易机制作为金融市场微观结构的一个重要部分，在价格发现效率上起着重要的作用。国外学者 Madhavan（2000）认为，交易机制的重要功能是将投资者的潜在需求转化为实际交易，这一转化对资产价格的形成过程产生重要影响。陈保华（2001）实证检验了交易机制对股价行为的影响，结果发现，不同的交易机制在价格发现过程中所起的作用是不同的，但不能否认的是，交易机制对股价行为存在着显著影响。Madhavan 等（1991）在研究中发现，集合竞价机制下的市场均衡价格表现的效率更高。国内学者郭泓等（2007）研究认为，交易所交易机制具有更高的市场效率。叶振飞和陈伟忠（2002）基于我国证券市场上的指令驱动交易制度，对上海证券交易所上市的 A 股和 B 股在价格发现效率上的不同进行系统探讨，结果发现，在指令驱动交易制度下，这两类证券的股价对新信息的到达和噪声交易都存在过度反应，但相比较而言，A 股的股价反应更为强烈。据此，研究认为，基于我国现有的交易制度，从价格发现功能这一视角来看，B 股的价格发现比 A 股更为有效。同时，也有学者关注开盘前阶段的指示性价格、价格效率、信息含量之间的关系（Barclay 等，2008）。

对于竞价模式和竞价交易机制对价格发现的影响，国内外学者也开展了较为丰富的研究。例如，廖静池等（2010）的研究发现，开放式集合竞价复牌的运用可以提高停复牌的价格发现效率。但也有学者认为竞价机制不利于市场中价格发现功能的发挥。Amihud 和 Mendelson（1989）在较早时期开展了股票市场中不同的竞价交易机制对证券价格行为影响方面的研究，研究主要以纽约证券交易所的数据为基础，结果发现，基于集合竞价的开盘价格波动性更大，价格发现效率相对较低。在既有研究中，有学者认为，竞价机制的交易成本虽然较低，但是其对新信息的反应不足和反应过度仍有所体现（Theissen，2000）。也有学者认为，噪声投资者会带来一定的负面影响，但吸引更多的投资者参与交易能使采用开放式集合竞价方式确定的均衡价格更有效率。需要注意的是，如果开放式集合竞价方式吸引到的噪声投资者过多，反而会造成"开放"的结果更为糟糕（李平，2006）。对事件前后市场模型的拟合优度进行横向比较来看，事件后市场模型的拟合优度有显著下降，开盘价格发现效率也有所降低，进而也使活跃度最低的股票收盘价格的发现效率呈降低态势。换言之，在开盘集合竞价透明度提高之后，股票个股与市场之间的反应并不一致，具体体现的是价格发现效率、市场质量均呈降低态势（张肖飞，2010）。

不难发现，无论是从跨市场，还是从单一市场的研究来看，价格发现效率的提升会优化资源配置，这也有助于资本市场更好地发挥服务实体经济的功能。

2.3　文献评述

从已有文献的梳理与阐述中可以看出，学术界对信息透明度如何影响资本市场的研究较多，且成果丰硕。但综合来看，对信息披露质量如何影响价格发现效率这一主题的研究，目前尚未形成较为一致的结论。

一是高质量的会计信息在降低投资者间信息不对称和提高市场效率方面发挥着重要作用（Welker，1995）。具体而言，高质量的信息披露能够在一定程度上抑制噪声对股票市场的影响，这一影响可以使市场波动减少，进而提高市场效率。国内学者朱红军等（2008）在研究中发现，高质量的会计信息会使投资者情绪对IPO首日回报的影响有所降低。

二是高质量的信息披露会降低价格发现效率。在这一层面上，高质量的信息披露在吸引噪声交易者的同时，会对信息交易者的学习质量产生损害或负面影响，进而导致价格发现效率的降低。此外，高质量的信息披露也可能对交易者已拥有的信息产生挤出效应，造成交易者对非基本面信息进行投机，进而引致价格发现效率的降低。可见，信息透明度在一定程度上可以提高市场流动性与效率，但如果信息透明度过高，反而会损害市场质量。

三是高质量的信息透明度虽能驱动价格趋近真实，但一旦所有投资者公认了市场交易价格反映了公司的真实价值，投资者就丧失了收集信息的动力，从而导致市场信息缺失、市场价格发现功能缺失、效率低下，即"有效市场悖论"。

现有文献侧重于从市场交易机制及市场参与主体的角度进行分析，对价格发现效率的影响因素进行了卓有成效的探索，但仍有如下不足：

一是尽管交易机制的设计很重要，但交易机制会在相当长的时间内保持不变。或者说，现有研究多立足于较为成熟的资本市场，对新兴资本市场的探索仍有较大发展空间。

二是市场参与者包括机构投资者和流动性交易者，他们作为市场参与主体，对价格发现效率起着非常重要的影响。投资者成熟程度是资本市场发达程度的重要标志，由于投资者成熟程度存在较大异质性，且投资者交易数据涉密，研究者无法从投资者交易行为的角度进行深入挖掘，尚待进一步的研究。

三是对资本市场需求方的分析已有一定成果，但多基于沪深主板市场，对新兴资本市场，尤其是成立不久的科创板价格发现效率问题的探究尚有诸多不足。

我国注册制的基本特点是以信息披露为中心。然而，注册制的实施能否真正提高我国资本市场的信息透明度，提高价格发现效率，需要进一步的经验证据加以说明。加之，我国公司信息披露质量参差不齐，在上市不同阶段的信息披露策略也会有所不同，我国注册制的改革为我们研究该问题提供了一个自然实验。本书尝试立足于科创板上市公司，从多维度考察上市公司信息透明度，希望较为详细地挖掘信息透明度对价格发现效率的影响及其作用机理。

| 第 3 章 |

概念、制度背景与理论基础

本章首先对全书研究的问题进行了概念界定，包括公司信息透明度的度量和价格发现效率的测算方法，提出了全书研究的问题。考虑到研究问题的现实背景，介绍了科创板的设立背景、初衷、简要发展历程，及其不同于沪深主板市场的交易机制等，说明了研究的现实意义。同时，系统梳理了本书运用的相关埋论基础。在此基础上，阐释了公司信息透明度影响价格发现效率的理论逻辑，为下文理论研究框架的提出奠定基础。

3.1 基本概念

3.1.1 公司信息透明度

证券市场透明度是市场质量的重要组成部分。广义而言，证券市场透明度包括交易机制透明度和上市公司透明度。前者主要涉及证券机制问题，短时间内不会发生改变；后者涉及上市公司透明度，这不仅关系资本市场的功能发挥，而且备受投资者瞩目。信息披露是证券市场透明的重要措施，信息披露的合规性、及时性和信息披露质量等均决定了证券市场的透明程度。根据有效市场理论，信息如果不能得到有效的反映，会造成资产定价的不充分，部门内部信息持有者获取超额利润，信息"贫乏"的一方则在交易中失去利益，从而影响到资源配置效率。解决此问题的关键在于，如何保证信息的公平、公开和公正，即信息获取权的公平、市场信息的进一步公开透明、监管的公正。此类问题可以归结到上市公司的透明度，如果信息获取权是公平的，市场监管是公正的，市场信息是公开的，那么在上市公司层面体现为上市公司财务信息、运营信息等及时传递给市场，并快速高效地被投资者吸收和反应，使市场变得高效。为此，本书着重研究上市公司透明度。加之，科创板实施注册制，显著不同于沪深主板的审核制，本书尝试探讨注册制下科创板上市公司信息透明度对价格发现效率的影响。

研究问题与研究目标的偏重点具有差异，学术界对公司信息透明度并无明确统一的界定，从而导致在公司信息透明度的测量中，度量维度和度量方式的差异。公司信息透明度界定的不统一导致现有研究的百花齐放。Bushman 等（2004）认为，公司信息透明度是外部投资者对公司内部信息的可获得程度，不仅包括会计透明度，还包括治理透明度。李丹蒙（2007）等采用深交所信息披露考评结果作为代理变量，类似做法还有张程睿（2008）、高雷等（2007）、谭劲松等（2010）、陈小林等（2012）的研究。该做法虽然被广泛认可，但也不够全面。巴塞尔银行监管委员会将透明度定义为："公开披露可靠与及时的信息，有助于信息使用者准确评价一家银行的财务状况和业绩、经营活动、风险分布及风险管理实务。"基于此定义，高透明度意味着企业所提供的信息更多，使用者能准确了解企业的财务状况、经营成果、风险程度等。透明信息的质量特征应当包括全面性、相关性、及时性、可靠性、可比性和重大性。最近的研究认为，学术界对透明度概念的探讨主要围绕信息内容、质量、信息使用者这三个方面展开（胡海峰等，2022），并认为信息披露相关的内部治理、外部治理、非正式机制、宏观因素四个方面是影响透明度的重要因素。基于投资者视角，他们最为关注的是内部信息透明度、会计信息透明度，以及资本市场上股价信息的透明度，这直接影响他们的投资决策。

信息论的创始人香农指出，信息是用于消除信宿对信源发出何种消息的不确定性的东西。结合信息论，按照信息源产生的时间顺序，可将其划分为先导信息、即时信息和滞后信息。

在注册制改革背景下，本书按照信息源产生的时间顺序，从信息使用者的视角，结合公司上市实际流程，把公司信息透明度进行三个方面的度量。一是先导信息，上市前招股说明书信息透明度。招股说明书是一种法律文件，也是公司申请上市的必备公开材料，是公开发行股票时需要提供给投资者最具参考价值的信息材料。招股说明书反映的公司信息是否真实、客观，将直接影响投资者的决策。证监会专门制定了《关于注册制下提高招股说明书信息披露质量的指导意见》，也凸显了招股说明书的重要作用。对投资者而言，招股说明书的信息披露是其提前了解公司全面信息的主要渠道，因此成为先导信息。二是即时信息，上市后业绩预告透明度。上海证券交易所（以下简称"上交所"）对科创板业绩预告有明确规定，业绩预告是上市公司预计季度、半年度、年度经营业绩出现严重偏差时的一种信息公开方式，业绩预告是企业发展是合良好的有效体现，影响着投资者对企业的价值判断，所以是投资者十分关注的方面。业绩预告能够迅速影响投资者决策，和市场交易具有同步性，因此称为"即时信息"。三是滞后信息，财务报告透明度。财务报告的滞后性主要体现在三个方面，包括会计信息的滞后、编制周期的滞后以及披露的滞后。财务报告信息是历史成本信息，相对于资产价格具有滞后性，主要是财务报告编制、发布均需要时间。通常，年报滞后4个月左右，在此期间企业运营状况和财务状况有了新的变化，从而导致财务报告和企业市场价格产生差异。基于以上分析，本书选用这三个角度能够较为客观地对公司信息的透明度进行综合度量。

3.1.2　价格发现效率

基于市场微观结构理论，价格发现效率主要指价格对信息的反应速度，即资产价格是否能及时而准确地吸收新的市场信息。从广义而言，价格发现效率这个概念在学术文献中也有不同称谓，如定价效率、信息效率等。价格发现效率的衡量方法主要有定价误差、价格拟合度、价格同步性及波动性等。但不同阶段信息透明度对价格发现效率的影响机制也不一样，不具有对称性。

实际上，这也说明价格发现效率在不同阶段的表现形式有所不同。在IPO阶段，更多表现为定价效率，或者IPO抑价问题。上市之后，则更多表现为股价同步性、定价误差等。

以往对价格发现效率问题的研究多侧重某一维度或某一方面，由于科创板实施注册制，明显不同于主板的审核制，对该问题的研究应该从更广泛及更多维度来分析。基于以上对上市公司信息透明度的界定，不同阶段的价格发现效率也会呈现多元性。依据市场有效理论，股票价格反映了公司的综合信息，包括基本面信息、行业格局、估值比较、技术面信息等。信息效率越低，股价同步性越低，股价中所包含的公司特质信息越多，价格发现效率越高。反之，信息效率取值越高，表明股价同步性越高，股价中所包含的公司特质信息越少，价格发现效率越低。在IPO阶段，公司信息披露基于招股说明书，该信息尚未得到市场检验，因此侧重于运用股价同步性研究价格发现效率。公司上市后市场的信息来源更加广泛，有公司财务的信息，也有诸如分析师关注度、研报关注度、业绩预告等，此类信息不能有效体现到股票价格中，但会在后续价格中被逐渐体现，形成价格反应的滞后。通过构建滞后指标的方式有效检验价格发现效率，将更为全面。

3.2 科创板设立的制度背景

3.2.1 科创板的设立背景

科创板的设立是资本市场改革的重大举措，有力推动了我国资本市场在发行、上市、交易乃至退市等环节的新一轮制度改革，进而形成优胜劣汰的市场机制。科创板的设立是资本市场改革发展进程的必然。

（1）科技强国战略需要。科技是第一生产力，创新是第一动力。我们国家一直把创新放在国家发展的全局核心位置，高度重视创新驱动和科技强国发展，特别是党的十八大以来，我国科技创新的能力稳步提升，在国际上的竞争优势也越发明显，但也暴露出一些明显不足，对科技型小微企业金融支持力度不够是突出的表现。另外，近几年来，关键核心技术"卡脖子"问题比较突出，这严重制约了我国经济的高质量发展和国际竞争力的提升，需要不断营造科技创新的良好市场环境，努力补齐科技创新短板。科创板重点支持符合国家战略、具有核心技术、科技创新能力较强的企业，可以有效补齐资本市场服务科技创新的短板，支撑科技强国发展。

（2）资本市场改革需要。长期以来，我国资本市场局部发展虽有不完善之处，但整体呈现良性发展态势。在过去很长的一段时间里，我国资本市场在规则、规模、功能、结构等方面仍然存在着严重缺陷，资本市场发展的不平衡现象一直存在，主要体现在债券市场和股票市场的不平衡发展。另外，单一层次的证券市场规定和上市公司退出机制的不足也迫使资本市场改革。金融服务实体一直是我国资本市场改革的重点，我国金融体系存在期限和融资结构错配的现象，融资模式仍旧是以银行为主导的间接融资，间接融资结构会导致企业筹集资金以负债形式计入，造成高杠杆率。我国杠杆率一直高于西方国家，这必然增加金融体系的系统性风险。因此，需要建立多层次资本市场，不断扩大直接融资水平，改善投融资环境，提高资源配置效率。设立科创板并试行注册制改革，是充分借鉴国际市场的最佳实践，在制度设计上充分与境外成熟市场接轨，与国际通行惯例同向而行，也体现了资本市场双向开放的理念。同时，科创板采取增量改革模式，不涉及存量市场，这将使科创板成为金融供给侧结构性改革的试验田。从纵向时间维度来看，科创板试点的成功，必将反哺市场存量，目前市场的主板、创业板乃至新三板都可以从中受益。①

（3）中小企业发展需要。中小企业是我国经济高质量发展的重要基础，是增强经济韧性和加快经济复苏的重要支撑。长期以来，我国中小企业发展一直存在两难。一是融资难。我国的融资方式一直以间接融资为主，间接融资规模占比社会融资规模高达70%以上。实践证明，间接融资对科技型企业的服务能力和服务效率明显不足。间接融资的主要方式是债务融资和银行融资，然而科技型中小企业具有高技术、高风险、高收益的特征，并具有投入大且周期长的特点，致使债务融资和银行融资的融资方式困难，这就需要拓宽中小企业融资渠道，增加融资的便利程度。在我国经济高质量发展的背景下，有效改善融资结构以服务产业发展的需要迫在眉睫。借鉴西方成熟资本市场的经验，股权融资方式能够有效缓解融资难的问题。二是上市难。近几年，如阿里巴巴、小米集团等优秀科技型企业在境外上市，国内资本市场不完善是一个主要原因。虽然中小板和创业板在一定程度上支持了科技企业发展的需要，但IPO制度受A股制约，并不是相对独立的市场。科创板设立并试点注册制，不是中小板和创业板的替代，而是交易机制的变更，是资本市场的有效补充，可以有效改善科技型中小企业上市难的问题。我国科创板与主板上市条件对比，如表3-1所示。

表3-1　　　　　　　科创板与主板上市条件对比

条件	主板	科创板
市场类型	场内市场	场内市场
公司类型	大型成熟公司	成长型科创企业

---

① 科创板在制度上革故鼎新，强化市场本身的功能。2019年3月1日，证监会正式发布设立科创板并试点注册制主要制度规则，包括《科创板首次公开发行股票注册管理办法（试行）》和《科创板上市公司持续监管办法（试行）》两项规章制度。同时，上交所正式发布设立科创板并试点注册制配套业务规则，包括《上海证券交易所科创板股票发行上市审核规则》《上海证券交易所科创板股票上市委员会管理办法》《上海证券交易所科技创新咨询委员会工作规则》《上海证券交易所科创板股票发行与承销实施办法》《上海证券交易所科创板股票上市规则》和《上海证券交易所科创板股票交易特别规定》6项主要业务规则（简称"2+6"制度业务规则）。"2+6"制度业务规则明确了科创板股票发行、上市、交易、信息披露、退市、投资者保护等各个环节的主要制度安排，确立了交易所试点注册制下发行上市审核的基本理念、标准、机制和程序。从投资者的角度考虑，我们就上市、交易、退市三个主要方面对科创板制度业务进行梳理。

续表

条件	主板	科创板
上市制度	核准制	注册制，上交所负责审核，证监会在 20 个工作日内对注册申请作出决定
存续期	3 年	3 年
盈利要求	最近 3 个会计年度连续盈利，且累计净利润 >3 000 万元，或营业收入累计 >3 亿元	允许符合科创板定位的、尚未盈利或存在累计为弥补亏损的企业上市，按照市值制定 5 套标准： ①预计市值≥10 亿元，最近两年净利润均为正且累计净利润不低于人民币 5 000 万元，或最近一年净利润为正且营业收入不低于人民币 1 亿元 ②预计市值≥15 亿元，最近一年营业收入不低于人民币 2 亿元，且最近三年研发投入合计占三年营业收入的比例不低于 15% ③预计市值≥20 亿元，最近一年营业收入不低于人民币 3 亿元，且最近三年经营活动产生的现金流量净额累计不低于人民币 1 亿元 ④预计市值≥30 亿元，且最近一年营业收入不低于人民币 3 亿元 ⑤预计市值≥40 亿元，主要业务或产品需经国家有关部门批准，市场空间大，目前已取得阶段性成果，并获得知名投资机构一定金额的投资；医药行业企业需至少有一项核心产品获准开展二期临床试验，其他符合科创板定位的企业需具备明显的技术优势并满足相应条件

资料来源：中国证券监督管理委员会、上海证券交易所。

3.2.2 科创板的发展现状

科创板的发展壮大将资本市场与科技创新更好地融为一体，彰显了金融支持科技创新的示范效应，为我国科技、产业、金融相互塑造、良性循环的发展格局提供了有力支持。科创板的运行特征有以下 3 个方面。

（1）板块基本面方面：高研发、高成长、高价值。作为我国"硬科技"企业的主阵地，科创板公司高研发特质显著，在研发支出增速、研发人员占比、研发投入等指标上均高于 A 股市场整体水平。在财务质量方面，科创板整体毛利率与净利率仍然相对稳定，资本开支保持扩张势头。

（2）新股发行节奏相对平稳，发行审核严谨有度。科创板公司整体表现平稳，超过 1/3 的公司上市后市值翻倍。从换手率来看，开市 3 年内科创板换手率整体呈现前高后低的走势，在投资者门槛限制下，维持相对较好的交易活跃度。

（3）资金配置方面：开市至今，机构投资者对科创板的配置比例趋于提升。随着越来越多具备投资吸引力的优质科技创新企业在科创板上市，公募基金等金融机构对科创板的关注程度及配置比例持续提升，科创板指数产品规模不断扩大，投资工具持续创新。

科创板凭借其特色定位，2019—2021年净利润整体维持在较高增速，高成长属性凸显。从业绩趋势看，2019—2021年科创板净利润保持较快增速，这3年的净利润分别同比增长23.5%、72.0%和64.5%。①板块财务质量方面，盈利能力稳定，资本开支持续扩张。利润表方面，在内外部因素的影响下，科创板整体毛利率与净利率仍然相对稳定。资产负债表方面，2019—2021年科创板的资产负债率保持稳定，且低于同期主板非金融。现金流量表方面，2019—2021年科创板的经营活动现金流净额、营业收入持续改善，反映出科创板上市企业的整体盈利增长质量有一定保障。

图3-1至图3-3为科创板基本情况统计。

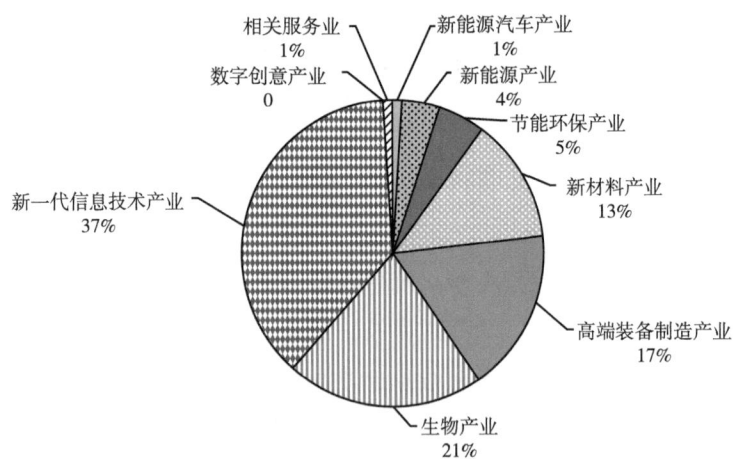

图3-1 科创板上市公司行业分布

注：数据截至2022年7月21日，3.2节同。
资料来源：Wind数据库，3.2节同。

---

① 中国国际金融股份有限公司.科创板三周年回顾［EB/OL］.（2022-07-22）.https：//xueqiu.com/5122903091/226091556.

第 3 章 概念、制度背景与理论基础

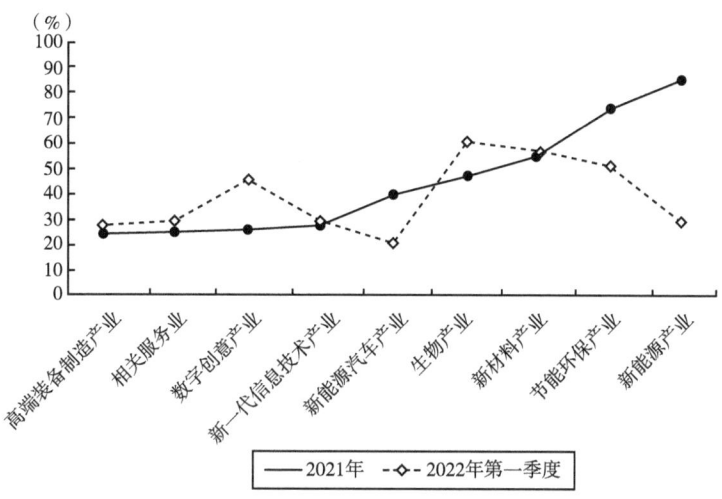

图 3-2 科创板各行业营收增速

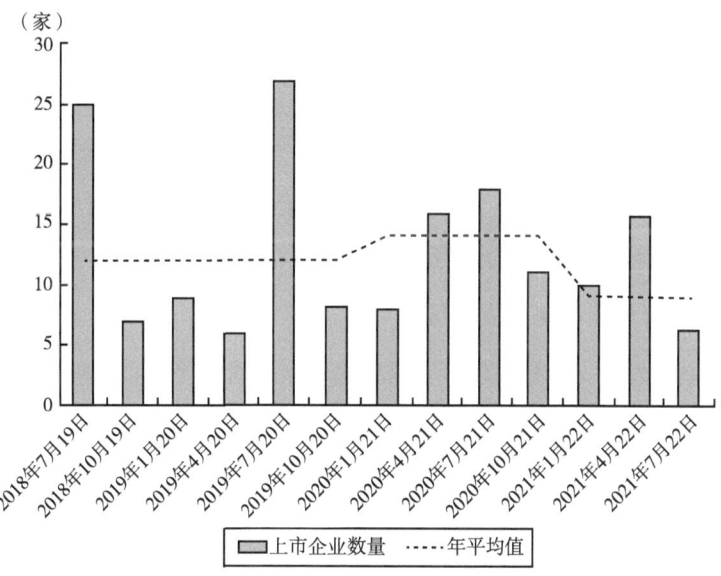

图 3-3 科创板月度上市企业数量

科创板设立以来，制度不断优化，机制持续创新，这对于科创板的快速发展和做大做强起着十分重要的作用。特别是做市商机制的引入，有利于提高科创板的流动性和市场价格的稳定性，同时助推有意上市的科技企业加快上市融资进程，促进已上市企业的再融资。

当然，目前科创板的国际化水平还有待进一步提升。开市 3 年来，科创板企业只有少部分被纳入沪港股票市场交易互联互通机制（以下简称"沪港通"），这说明科创板的国际化水平还有提升空间。通过在结算、交易机制等领域不断革新并完善现有机制，有望吸引更多的国际投资者参与科创板的发展。科创板纳入沪港通，是其迈出国际化发展的第一步，互联互通机制必将促进更多的科创板股票被纳入沪股通与国际指数公司，科创板未来有望借助这一业务加大双向开放力度，提升国际知名度和影响力。

3.2.3 注册制的实施内涵

证券发行注册制指证券发行的申请人依法公开与证券发行相关的所有资料和信息，并送交主管机构审查，主管部门只负责审查证券发行申请人提交的信息和资料是否履行了信息披露义务的一种制度，其基本特点是以信息披露为中心。研究者认为，注册制改革的实质是监管机构不再拥有审核权，将审核权力交给市场管理，投资者将依据上市公司披露的信息来判断该公司是否有投资价值（马连福等，2014；2021）。股票发行由核准制向注册制改革，其本质是平衡政府与市场的监管权力（林妍，2019）。

1. 注册制与核准制的主要区别

注册制下发行，审核主体、审核要求、信息披露等核心规则与核准制有共性亦有差别，其本质区别在于注册制下，证监会监管权力回缩，证券交易所发行审核的权力增大，对市场主体的公司价值判断权力增强。主要区别表现在：

第一，审核标准不同。相比核准制，注册制对企业的审核标准更为宽泛，企业只要符合板块和科创类特点即可，对企业是否盈利不做要求，甚至是目前处于亏损的企业，也可以申请上市。另外，特殊股权结构企业和红筹企业也允许在科创板上市。

第二，审核制度不同。注册制只是形式审核，而核准制是实质审核。在注册制下，证券发行审核机构只对拟上市企业提供的资料、报表等进行形式审查，不进行具体实质判断，不关注公司治理运营监管机构，由市场去检验判断。核准制不仅要求提供真实、有效的资料，证券监管机构还要对公司现实营运情况等进行管辖，要达到相关规章制度的标准才能上市。

第三，定价方式不同。注册制之下的新股发行节奏、规模、价格等通过市场化来决定，发行价格高低既要符合市场规律，又要考量中介机构的发掘和研判能力，发行市场一般由机构投资者参与主体询价、定价、配售等。核准制股票发行的价格空间比较窄，市场机构研判、参与主体少，主要由发行人和承销的证券公司协定。

注册制的落地标志着证券市场治理权能从行政控制迈向市场选择，为证券市场"他治"保留必要限度的同时，由"他治"向"自治"渐次过渡。证券市场治理权能转向是一个系统性工程，证券发行审核权力和公司价值判断权力市场化转向程度的不同，决定了权能转向的"分层"，围绕这种"分层"转向，推进市场机制"分类"改革，是落实注册制之优化资源配置目标的重要保障。

我国引入证券发行注册制，旨在克服行政控制的弊端，赋予投资者更多交易自由，不断优化资源配置。推行注册制是我国资本市场发行制度的第三次改革，从审核制到全面注册制，需要有一个过渡期，不能一蹴而就，应分步实施。

2. 注册制改革动因

第一，核准制下的制度弊端。我国推行资本市场注册制改革的根本动因在于，克服核准制的行政控制趋向。一是核准制以行政审核为前提。核准制下，证监会以行政审批为前置条件，对市场主体的融资行为和投资行为进行全过程审核，对融资企业进行发行资质审核、发行节奏把控、投资价值背书等一系列管理，造成行政控制下的资本市场行为自由受限，使证券发行上市不再是纯粹的市场行为，而变成行政控制下的市场行为，这明显有悖于自由市场原理。核准制下导致IPO"堰塞湖"这个奇特的A股现象持久存在，进而造成融资效率低下。由于新股发行的高发行价格、高市盈率、超募资金问题，造成价格不能反映其真实投资价值。二是核准制以行政判断代替市场判断。核准制下企业能否上市，主要由证监会对其发行资质进行审核，对企业是否具有前瞻性、创新性且具有持续经营能力不作判断，使一些不满足核准制条件的企业失去了融资上市的机会，造成投资者失去了对其投资的机会，损害市场主体权益，妨碍了资本市场的健康和可持续发展。设立科创板并试点注册制，有效地克服了行政控制的弊端，使市场更加地公开透明，有效地提升了定价效率，证券发行回归自由市场。

第二，高质量信息披露制度的需要。注册制改革把对公司进行价值判断的权力更多地交还投资者，而要避免可能随之而来的"柠檬市场"，则须进一步完善我国的信息披露制度。从信息披露系统本身来看，存在信息堆积现象，因此我国资本市场的信息远未实现有效运转。从信息披露系统外部来看，存在参与主体单一现象，缺乏对信息披露的监督。重构上市公司信息披露制度，需要进行披露内容、形式的简明化与有效化改革，完成信息披露由"监管者导向"向"投资者导向"的逻辑转变；同时，有必要引导证监会以外的市场多元主体力量在信息披露机制中发挥更大作用，推动注册制下我国证券市场的持续革新。

注册制对信息披露的要求更高、投资者面临的投资风险更大，这对（拟）上市公司的投资者关系管理（IRM）提出了新的发展方向。注册制能够对推动我国 IRM 的建设起到积极作用（马连福等，2014），在注册制下，IRM 将从传统的强制性单向财务信息披露向战略导向的自愿性双向互动沟通机制转变，IRM 团队建设更加完善，实现公司价值创造。

高质量信息披露制度是发挥我国资本市场功能、服务经济高质量发展的制度基础。在科创板进行注册制试点以前，由于制度环境的缺乏，我国资本市场信息披露质量水平的提升面临瓶颈。此次科创板进行注册制试点改革，构建了以信息披露为核心的股票发行上市环境，从而为我国资本市场信息披露制度迈向高质量建设阶段提供了新的契机。

3. 注册制改革现状

第一，注册制改革有效地提升了定价效率。张宗新和滕俊樑（2020）结合改革前后 A 股市场的 IPO 数据发现，注册制询价改革提高了 IPO 定价效率。新股发行询价机制改革的效果从推行改革的科创板市场辐射至 A 股其他板块，并提升了 A 股市场定价机制的有效性。

第二，注册制改革环境还需不断优化。为了建立健全注册制改革环境下的配套设施，进一步约束和规范注册会计师的执业行为，切实保护中小投资者的利益，需要重视对注册会计师（CPA）民事法律责任形式的运用，重构以民事责任为主体的注册会计师法律责任体系（尚兆燕等，2017）。

第三，注册制改革制度还需不断完善。具体包括两方面的问题。

一是关于保荐人制度的重构问题。注册制是股票发行上市过程中审核权力的重新分配和准入门槛的重构，形式审查和实质审查真正分离，市场和投资者在实质判断权和自主选择权急剧扩张的同时，需要自担的风险也极大增加。在此背景下，保荐人制度的重构要以摆脱过去核准制时期作为行政力量附属品的角色，突出和强化其重要地位为基调（高达等，2016）。具体而言，强制保荐制和保荐代表人制应继续保留，保荐人和承销商在主体上和职能上要真正分离，注册制下保荐人的最核心义务是协助信息披露，建立保荐人的民事赔偿责任制度，强化其行政责任和刑事责任。另外，保荐人的收费也应纳入监管及法定公开范围。

二是关于退市制度的完善问题。为适应未来推进实施注册制的需要，我国上市公司退市制度改革以投资者合法权益保护为中心，着力完善市场退出制度体系，进一步夯实主动退市和强制退市两种退市方式的制度基础，提升强制退市对违法违规行为的高压态势，同时也要做好强制退市与发行上市、重新上市制度的合理衔接，努力实现公司上市、退市的新常态。在股市危机后，我国股票发行开始实行注册制改革。要把中小投资者利益的保护确定为注册制改革的指导思想，在注册制改革的同时，改进中国证监会的监管方式。证券发行注册应当统一适用于股票和债券市场，注册制的制度设计重心应当立足于事中、事后和信息公开监管。同时，要建立完善的退市制度，完善相关法律责任制度和权利救济制度（李东方，2017）。另外，上市公司退市制度必须适应高度市场化的要求，为注册制高效运行提供有力支撑（陈见丽，2019）。

4. 注册制对市场信息透明度的要求

从制度层面来看，注册制和审核制对信息透明度的不同要求主要体现在招股说明书的要求差异上。招股说明书作为企业IPO过程中主要的信息载体,是投资者获取企业信息的重要渠道,也是其作出投资决策的主要依据之一。在注册制改革试点过程中,招股说明书的信息披露质量虽然得到进一步提高,但招股说明书的可读性不强、信息披露针对性不足等问题依然存在,阻碍了市场信息透明度的提升。2022年,证监会发布了《关于注册制下提高招股说明书信息披露质量的指导意见》,通过一系列提高招股说明书信息披露质量的举措,取得了良好效果。

无论是在注册制下还是原来的审核制下,招股说明书都是被投资者关注的核心文件,笔者对比北京证券交易所(以下简称"北交所")、科创板、创业板招股说明书,发现以北交所、科创板为代表的注册制和以创业板为代表的审核制,其招股说明书的内容要求存在一定的差异。主要差异体现在两个方面:一是发行人的设立文件。在发行人的设立条件方面,北交所和科创板明确规定招股说明书要披露发行人的企业法人营业执照、公司章程、公司股本变化等情况,更好地体现上市公司股权的历史演变,让投资者从股权演变的痕迹中找到所需信息。二是与财务会计资料相关的其他文件。与创业板相比,北交所和科创板更加注重发行人近期财务状况和税收状况的补充。例如,它们要求发行人对最近三年及一期的纳税情况及政府补助情况进行披露。此类补助、税收、资产评估及原始财务报表,有助于投资者更好地了解IPO企业的历史财务状况,从中挖掘出有用的财务信息,更好地对企业股票进行定价。北交所、科创板、创业板招股说明书的重点比较如表3-2所示。

表3-2 北交所、科创板、创业板招股说明书的重点比较

北交所	科创板	创业板
……		
四、发行人的设立文件		
4-1 发行人的企业法人营业执照 4-2 发行人公司章程(草案) 4-3 发行人关于公司设立以来股本演变情况的说明及其董事、监事、高级管理人员的确认意见 4-4 商务主管部门出具的外资确认文件(如有)	4-1 发行人的企业法人营业执照 4-2 发行人公司章程(草案) 4-3 发行人关于公司设立以来股本演变情况的说明及其董事、监事、高级管理人员的确认意见 4-4 商务主管部门出具的外资确认文件(如有)	无

续表

北交所	科创板	创业板
五、与财务会计资料相关的其他文件		
5-1 发行人关于最近三年及一期的纳税情况及政府补助情况 5-1-1 发行人最近三年及一期所得税纳税申报表 5-1-2 有关发行人税收优惠、政府补助的证明文件 5-1-3 主要税种纳税情况的说明 5-1-4 注册会计师对主要税种纳税情况说明出具的意见 5-1-5 发行人及其重要子公司或主要经营机构最近三年及一期纳税情况的证明 5-2 发行人需报送的其他财务资料 5-2-1 最近三年及一期原始财务报表 5-2-2 原始财务报表与申报财务报表的差异比较表 5-2-3 注册会计师对差异情况出具的意见 5-3 发行人设立时和最近三年及一期资产评估报告（如有） 5-4 发行人历次验资报告或出资证明 5-5 发行人大股东或控股股东最近一年及一期的原始财务报表及审计报告（如有）	5-1 发行人关于最近三年及一期的纳税情况及政府补助情况 5-1-1 发行人最近三年及一期所得税纳税申报表 5-1-2 有关发行人税收优惠、政府补助的证明文件 5-1-3 主要税种纳税情况的说明 5-1-4 注册会计师对主要税种纳税情况说明出具的意见 5-1-5 发行人及其重要子公司或主要经营机构最近三年及一期发行人纳税情况的证明 5-2 发行人需报送的其他财务资料 5-2-1 最近三年及一期原始财务报表 5-2-2 原始财务报表与申报财务报表的差异比较表 5-2-3 注册会计师对差异情况出具的意见 5-3 发行人设立时和最近三年及一期的资产评估报告（如有） 5-4 发行人的历次验资报告或出资证明 5-5 发行人大股东或控股股东最近一年的原始财务报表及审计报告（如有）	无

资料来源：作者根据相关资料整理得到。

3.2.4 科创板的市场功能

科创板注册制试点改革打破了原本固化的制度环境，创造性地开辟了以信息披露为核心的制度土壤，这为开启高质量信息披露的制度建设提供了崭新的试验田（陈邑早等，2019）。更进一步，注册制在监管理念、上市条件、交易规则等方面均进行了重大制度创新，尤其将定价权下放给市场主体，希望借此充分发挥市场主体在信息和专业上的优势，并提高股票价格发现效率和资源配置效率。价格发现效率如何，事实上也是对市场主体定价能力的一次综合检验（董秀良等，2021），这构成了本书研究的立足点与出发点。

资本通过聚焦创新资源，分散创新风险，进而提升企业创新能力（资本市场改革课题组，2019）。技术创新会驱使金融支持出现"闭锁效应"（辜胜阻，2011）。技术创新存在风险高、投入大、周期长等特点，因此金融支持需要充分的信息披露，而信息失灵往往导致金融资源配置失衡（王竹泉等，2019）。

在此背景下，深入挖掘科创板公司信息透明度和价格发现效率之间的关系，极具理论价值与现实意义。

我国注册制改革历程，如图3-4所示。

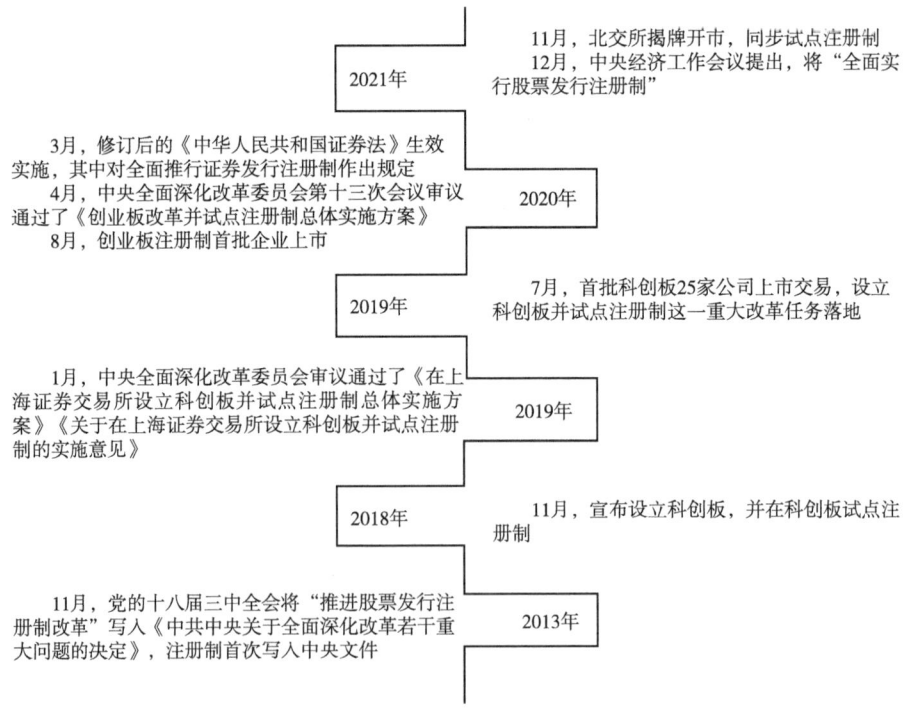

图3-4 我国注册制改革历程

3.3 理论基础

3.3.1 市场微观结构与价格发现

Demsetz（1968）对瓦拉斯拍卖的价格形成机制进行了分析，指出投资者结构和数量会影响即时成交的价格，从而证明了市场结构会影响市场出清价格。Garman（1976）正式提出了"市场微观结构"这一概念，并逐步发展成为金融学科一个独立的研究领域。为了使理论更加贴近现实，不同学者对市场微观结构理论进行了拓展。Glosten（1987）将市场微观结构具体定义为影响价格形成的微观因素。O'Hara（1995）提出市场微观结构指证券价格的发现、形成和运作机制，把市场微观结构定义为一系列规则。杨之曙（2000）将市场微观结构定义为以下5个方面：技术、规则、信息、市场参与者和金融工具。简而言之，金融市场微观结构是市场参与者、信息体系和交易制度的有机组合。特别是证券市场中，微观结构差异对市场影响巨大，厘清市场微观结构理论，对从信息视角探讨市场价格发现效率尤为重要。

在发展历程层面上，大致可以将该理论分为两个发展阶段。20世纪90年代前，主要关注报价驱动相关领域，如价差问题、市商行为等。在欧美市场，做市商是一种重要的市场交易机制。做市商分为场外做市商和场内做市商。市商可以通过调整买入价和卖出价来平衡市场需求，赚取差价。因此，报价驱动市场价格和成交量等微观结构研究有了重大意义。20世纪90年代至今，研究围绕着分析报价驱动市场、订单驱动市场、集合竞价市场的有效性和参与者行为、交易机制的设计等展开。

微观市场的高效运行离不开高质量信息的驱动。无论是做市商还是订单模式，驱动投资者市场行为的根源是投资者对有关信息的认知，当投资者得到新的信息后，会据此作出新的投资判断，从而形成新的买卖行为。简单而言，市场参与者根据所得信息对资产价格作出判断，并据此进行报价。因此，资本市场具有反映资产价格信息的重要功能。信息质量的优劣会对投资者行为产生不同的影响，当信息明确且可靠时，投资者能够快速作出投资决策；当信息隐晦且善变时，投资者可能面临决策困难。因此，加强信息披露，重视信息质量，是提高微观市场效率的重要途径。

市场微观结构理论假定了证券市场存在信息不对称的现象，信息不对称削弱了市场效率。因此，如何缓解信息不对称甚至消除信息不对称，是学者们努力的重要方向。本书将公司信息透明度对价格发现效率的影响作为研究的核心，是对缓解信息不对称有利于提升市场效率的验证。

3.3.2 有效市场与市场定价效率

市场有效率理论一般指有效市场假说。Fama 有效市场假说（EMH）理论将信息分成三个层次：历史信息、可公开获得的信息、所有可用的信息。基于此，市场有效性可分为三类：弱式有效、半强式有效和强式有效。信息与有效市场的对应关系如图 3-5 所示。

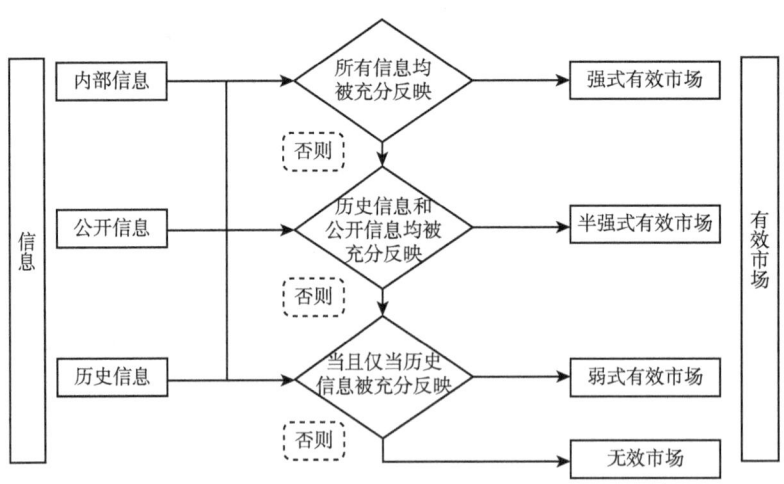

图 3-5 信息与有效市场的对应关系

Fama 的理论认为，在弱式有效市场中，资产价格充分反映了资产历史上所发生的所有信息，此处的"充分"意味着相对于历史信息而言，资产价格既没有被高估,也没有被低估,是完全正确的。基于此,在弱式有效市场中,投资者无法通过技术分析等,借助历史性信息资料的统计或模型中获取有用信息,进而赢得超额利润。对于半强式有效市场而言,资产价格要充分反映所有公开信息,包括企业的财务信息、相关新闻动态等公开的信息。若市场半强式有效,则意味着市场投资者无法通过财务分析等方式挖掘出资产的新价值,基本面分析失效。在强式有效市场中,资产价格反映了所有信息,包括内幕信息,即资产价格永远忠实于价值,投资者无法通过任何分析获利。当有信息出现时,市场能作出有效反映,价格及时调整,内幕信息拥有者无法获取超额利润,这是市场的完美状态。因此,研究市场有效性常常包括市场有效性的验证和市场有效性的提升。若市场是强式有效市场,则无须提升;若市场是半强式有效市场,则需要尽可能高效地促进内幕消息向公开信息转换;若市场是弱式有效市场,则需要促进内幕信息和公开信息向历史信息转化。信息披露使信息由内部向公开转化,从而促进市场效率的提升。

鲍尔和布朗(1968)开创性地研究了会计盈余与证券价格(回报)的关系,证明证券的市场价格会对财务报表信息(至少是净收益信息)作出反应。该研究诱发了经验会计研究的高潮,研究重点主要集中在财务报表(特别是盈余)的信息含量,为证券市场要求上市企业进行信息披露提供了理论依据。资本市场要求公平、公正、公开,信息披露能让投资者更加公平地得到信息,从而维护市场的公平。

有效市场与信息不对称下的现实资本市场形成了强烈的对比和反差,有效市场是市场的理想状态,给现实资本市场提出了改革的方向。从信息经济学的视角来看,有效市场要求市场价格能快速高效地发现信息,从而缓解信息不对称情况下的市场价格扭曲现象,提升资本市场效率。价格发现效率从市场价格反应的速度(Beekes et al.,2016)和价格发现的精度(Gajewski et al.,2015)来衡量资本市场中虚拟资产对信息的反应效率,是资本市场有效性的重要代理变量。阻碍市场效率提升的重要因素是信息的性质和质量,有效市场理论把信息分为历史信息、市场信息和内部信息,市场对不同信息的反应差异决定了有效市场的差异。实现信息转化,从内部信息转化为市场信息，有利于信息价值的提升和实现，进而有利于参与者从该信息中形成新的均衡价格，实现价格发现效率的提升。

从信息转化动机的视角来分析，内部信息的拥有者希望通过内部信息获取超额利润，因此具有免费将内部信息转化为市场信息的动力。没有拥有内部信息的投资者希望拥有者共享信息，从而更好地确定虚拟资产价值。如何协调此类矛盾，通常的做法有两种：一种是购买信息，例如借助证券分析师的专业分析和判断；另一种是通过政策制度，限制内部信息拥有者获取超额利润，例如，我国对证券市场参与人员资质的规定就是从该视角出发。本书运用信息透明度来替代信息转化变量，当内部信息快速地转化为市场信息时，说明信息转化效率高，市场效率提升。

3.3.3 信息不对称与公司信息透明度

信息不对称这一现象早在20世纪70年代便受到三位美国经济学家（乔治·阿克罗夫、迈克尔·斯彭斯、约瑟夫·斯蒂格利茨）的关注和研究，它为市场经济提供了一个新的视角。乔治·阿克罗夫在1970年最先提出了信息不对称的概念，并指出由于市场参与者信息获取和处理的差异，部分人处于信息优势地位，另一部分参与者则处于信息劣势地位。因为他们拥有的信息较少或不完整，交易参与者无法观察对方行为或者无法得知对方拥有的额外信息，导致其从信息优势中获取利益，在信息劣势中遭受损失。信息不对称的典型问题是逆向选择和道德风险，其中，逆向选择指信息优势方利用信息优势做出利己的行为，并可能损害到交易对手的利益。道德风险指信息优势方利用信息优势，作出违背双方约定的事宜，给对方造成损失的行为。在证券市场中出现信息不对称问题主要是因为内部信息的存在，从而导致交易双方在交易对象或是信息质量上的不平等，影响资本市场资源的有效配置和资本市场的有序运行。

发行人及时地对外发布更多真实、有效的信息，是解决资本市场信息不对称的有效方式。投资者关注的是发行人未来的盈利能力，作为发行人，应该及时发布企业的重大事项，方便投资者及时决策。基于我国 IPO 独有的信息披露制度，强化发行人信息披露方式，可以有效抑制机构投资者的合谋行为（程小可等，2022）。招股说明书是股份公司公开发行股票时，就募股事宜发布的书面通告。招股说明书包括公司状况、经营计划、财务状况等重要信息，是发行股票时必备的文件，也是投资者认购股票的重要参考。但招股说明书是上市公司为筹集资金而发行股票时准备的文件，由股份公司发起人或股份化筹备委员会起草，业绩预告和财务报告的主体也是上市公司，因此上市公司仍是掌握信息的优势方，可以通过延迟披露等方式，使一部分利益相关者获得收益或减少损失。另外，信息透明度的提高还有利于外部主体监督公司行为，规避信息不对称下的风险（Bushman et al.，2001）。

| 第 4 章 |

理论分析框架与特征事实

信息透明度与价格发现效率的关系是建立在有效市场理论的指引、信息不对称的事实与微观市场结构分析的框架上。本章首先从市场微观结构出发，构建公司信息透明度与价格发现效率的经济模型，从微观视角刻画公司信息透明度影响价格发现效率的内在机理。考虑到本书的实证研究是以科创板注册制改革为事实背景，用科创板数据作为准实验样本，来检验公司信息透明度与价格发现效率的关系。为此，本章同时对科创板样本数据进行区域、行业等基本特征分析，为后文的研究设计与实证分析奠定基础。

4.1 理论分析框架

从市场微观结构理论来看，市场微观结构包括交易制度、市场参与人、信息结构在内的金融市场的交易结构（杨之曙，2000）。O'Hara（1995）指出，市场微观结构指证券价格的发现、形成和运作机制。结合 O'Hara 的定义，本书侧重于研究信息透明度对证券价格发现效率的影响，包括其作用机理如何，影响效果如何。本节将通过构建不同交易者的信息驱动模型，来分析信息交易者的行为如何驱动价格发现。

信息透明度直接关联到资本市场的有效性，市场信息透明度的提高有助于促进价格发现并提高其效率。研究表明，深圳证券交易所将买卖盘揭示范围从三档增加到五档，显著提高了市场透明度。这一改变为研究市场透明度与价格发现效率之间的关系提供了实验场景。有学者基于信息份额模型来分析每一档报价对价格发现的贡献，结果显示，透明度提高后，新增两档报价对价格发现贡献了信息含量。从具体定义出发，信息透明度指的是公司披露关键财务和经营信息的程度和质量。一个信息透明度高的市场环境意味着所有相关的经济实体，如投资者、债权人和监管机构，能够获取准确、全面和及时的信息。这种透明度对于促进有效的价格发现至关重要，因为它保证了市场参与者在作出投资和经济决策时拥有充足的信息，形成更加理性的判断。价格发现指市场价格反映所有相关信息的过程。通过这一传导机制，市场价格反映了对资产或服务供需状况的共同理解。有效的价格发现机制是市场健康运作的基础，它确保了资本的有效配置和市场的稳定性。

　　现有研究表明，信息透明度对价格发现效率有如下作用。

　　一是减少信息不对称。信息透明度的提高有助于减少市场参与者间的信息不对称。在信息对称的市场中，所有投资者都拥有相同的信息，从而使价格更准确地反映出资产的真实价值。减少信息不对称对于提高价格发现效率至关重要。

　　二是增强市场参与者的信心。信息透明度的提高增强了市场参与者对市场公正性和有效性的信心，这种信心促使更多的投资者进入市场，增加了市场的流动性。流动性的提高又进一步提升了价格发现的效率。

　　三是提高投资决策的质量。信息透明度使投资者能够更好地理解市场动态和公司基本面，这种理解有助于投资者作出更合理的投资决策，从而使市场价格更准确地反映资产的内在价值。

　　四是促进资源的有效配置。有效的价格发现机制有助于确保资源被分配给最有生产性和盈利性的企业。信息透明度通过提高价格发现的效率，确保资本流向那些最能有效利用它的地方。

　　五是提高市场的反应速度。在信息透明度高的市场中，新信息可以更快地被市场吸收和反映在价格中。这种快速反应确保了市场能够迅速适应新的市场条件和信息，从而提高了价格发现的效率。

同时，信息透明度与价格发现效率之间的关系是相互作用的。一方面，信息透明度直接影响价格发现的效率；另一方面，有效的价格发现能促进信息透明度的提高，因为市场价格的变化本身就是一种信息。总之，在有效市场条件下，高透明度的证券市场是一个信息尽可能完全的市场，要求信息的时空分布具有无偏性，即信息能够及时、全面、准确、同时传递给所有投资者，并融入股票价格中；股价能够对市场上的信息作出反应，使股票价格更加有效，这也正是资本市场价格发现功能的体现。基于此，信息透明度对价格发现效率有着深远的影响。通过提高信息透明度，可以减少信息不对称，增强市场参与者的信心，提高决策质量，促进资源的有效配置，并提高市场的反应速度。

信息透明度通常用两个维度来衡量，信息公开的质量和信息公开的速度。信息公开速度越快，经过市场多次决策反应后，信息质量也会提高，因此信息公开的质量和信息公开的速度高度相关。透明度高的市场环境建立在高质量的信息披露基础之上。如果企业披露的信息不准确、不完整或不及时，即使信息量很大，市场的透明度也会受到影响。因此，信息披露质量是信息透明度的核心驱动因素。在分析市场透明度时，探讨信息披露的质量更能直接反映出市场的真实状态。另外，从决策相关性来看，投资者和市场分析师通常依赖公司的信息披露来作出投资决策，信息披露的质量也会直接影响他们对公司价值和市场状况的判断。因此，从决策相关性的角度来看，信息披露质量也是衡量市场透明度的一个更实际和直接的指标。综上所述，借鉴 Madhavan（1996）和李洋等（2020）的研究方法，用信息披露质量替代信息透明度进行分析。

1. 模型基本假设

（1）市场上的交易者分为信息交易者 h 和噪声交易者，信息交易者是市场中正常购买信息的人员，噪声交易者在交易过程中没有依据任何有用的信息。为了研究信息透明度的作用，本书主要探讨信息交易者 h 获取不同信息量下的相关行为。

（2）资产价值 v 服从均值为 μ、精度为 A（方差的倒数）的正态分布。交易者 h 会将 v 视为均值为 v_0、条件方差为 σ^2 的正态分布，即：

$$v_0 = E(v|\Phi_h) = \mu\gamma + s_h(1-\gamma) \tag{4-1}$$

$$\sigma^2 = Var(v|\Phi_h) = (A+B)^{-1} \tag{4-2}$$

这里，Φ_h 代表信息交易者 h 的信息集合，$\gamma = \dfrac{A}{A+B}$，s_h 为信息交易者收到的公司披露信息，$s_h = v + \varepsilon_h$。其中，ε_h 代表信息交易者 h 收到的干扰噪声，它是均值为 0、方差为 $\dfrac{1}{B}$ 的正态分布。不失一般性，可以知道 ε_h 与资产价值 v 是相互独立的，B 可以用来衡量信息披露 s_h 的精度。因此，B 可以理解为上市公司的信息披露质量。

（3）假设信息交易者 h 购买的资产数量为 q_h，当 $q_h > 0$ 时，信息交易者买入风险资产；当 $q_h < 0$ 时，信息交易者卖出风险资产。

2. 模型推理过程

信息交易者 h 为了实现最大化效用，需要满足：

$$\max_{q_h} f(q_h) = v_0(q_h + Q_h) + C_h - pq_h - \frac{1}{2}\rho_h\sigma^2(q_h + Q_h)^2 \tag{4-3}$$

式（4-3）中，ρ_h 是信息交易者 h 的风险厌恶系数，ρ_h 越大，信息交易者的风险厌恶程度越高，反之亦然。

Q_h 是信息交易者 h 平均拥有的单位风险资产，Q_h 可以理解为交易前信息交易者 h 的禀赋，Q_h 服从均值为 0、方差为 σ_Q^2 的正态分布。

C_h 是信息交易者 h 的初始现金，p 为市场出清价格。

根据最优化条件 $f'(q_h) = 0$ 可知，信息交易者 h 提交订单的策略为价格的线性函数。

$$q_h(p) = a_h - b_h p \tag{4-4}$$

式（4-4）中，$a_h = \dfrac{v_0}{\rho_h \sigma^2} - Q_h$，$b_h = \dfrac{1}{\rho_h \sigma^2}$。

信息交易者 h 的需求函数的斜率与风险厌恶系数、私有信息的不确定性负相关。由式（4-4）可知，常数项 a_h 不仅取决于资产价值，还取决于信息交易者 h 的初始禀赋 Q_h。因此，信息交易者 h 的部分流动性需求来自对冲动机，信息交易者提交的订单没有完全揭示其私有信息。信息交易者 h 的对冲需求和噪声交易者的流动性需求避免了市场崩溃。

当信息披露时，每个交易者提交订单，电子订单自动撮合交易。信息交易者 h 和噪声交易者的需求既可能大于 0（买入资产），也可能小于 0（卖出资产）。

进一步，考虑最优市场出清价格 p^*：

$$p^* = v_0 + \frac{\sum_{j=1}^{1-\lambda} X_j - \sum_{h=1}^{\lambda} Q_h}{\sum_{h=1}^{\lambda} b_h} = v_0 + Noise \tag{4-5}$$

式（4-5）中，噪声交易者购买的资产数量为 X_j，X_j 服从均值为 0、方差为 σ_X^2 的正态分布。

λ 代表信息交易者的比例，噪声交易者的比例为 $1-\lambda$；$b_h = \frac{1}{\rho_h \sigma^2}$, $\sigma^2 = \frac{1}{A+B}$；$Noise = \frac{\sum_{j=1}^{1-\lambda} X_j - \sum_{h=1}^{\lambda} Q_h}{\sum_{h=1}^{\lambda} b_h}$。

式（4-5）表明，最优市场出清价格等于资产价值的期望与一个噪声项之和，噪声取决于对冲性需求和流动性需求。由此得出期望值：

$$E(p^*) = E(v_0) = E[\mu\gamma + s(1-\gamma)] = E[\mu\gamma + v(1-\gamma) + \varepsilon_h(1-\gamma)] = \mu \tag{4-6}$$

3. 主要推论

推论一：最优市场出清价格是风险资产价值的无偏估计量。

由于信息交易者的初始禀赋与噪声交易者的流动性需求相互独立，可知价格发现效率为：

$$Var(p^* - \mu) = \frac{1}{A+B} + \frac{\rho^2}{(A+B)^2}\left[\left(\frac{1}{\lambda^2} - \frac{1}{\lambda}\right)\sigma_X^2 + \frac{1}{\lambda}\sigma_Q^2\right] \tag{4-7}$$

在市场中,价格发现效率与定价误差的运行方向相反,定价误差越高则价格发现效率越低,进而得到推论二。

推论二:定价误差为最优市场出清价格和资产价值期望 μ 之间的偏离程度,即 $Var(p^* - \mu)$,价格发现效率与定价误差具有负相关关系。

根据推论一和推论二,我们进一步考察价格发现效率与信息披露质量之间的关系。

可以借助价格发现效率关于信息披露质量 B 的一阶偏导求出,即:

$$\frac{\partial Var(p^* - \mu)}{\partial B} = -\frac{1}{(A+B)^2} - \frac{2\rho^2}{(A+B)^3} \left[\left(\frac{1}{\lambda^2} - \frac{1}{\lambda} \right) \sigma_X^2 + \frac{1}{\lambda} \sigma_Q^2 \right] \quad (4-8)$$

由于 $\lambda \in [0, 1]$,$\sigma^2 = \frac{1}{A+B} > 0$,$\frac{1}{(A+B)^2} > 0$,$\frac{2\rho^2}{(A+B)^3} > 0$,故

$$\frac{\partial Var(p^* - \mu)}{\partial B} = -\frac{1}{(A+B)^2} - \frac{2\rho^2}{(A+B)^3} \left[\left(\frac{1}{\lambda^2} - \frac{1}{\lambda} \right) \sigma_X^2 + \frac{1}{\lambda} \sigma_Q^2 \right] < 0 \text{。}$$

根据式(4-8)的推理可知,价格发现效率与信息披露质量之间的一阶偏导小于0恒成立。随着交易所对上市公司监管的不断完善和上市公司自身对信息披露需求的提升,上市公司会主动提高信息披露质量,信息透明度逐步增强,市场投资者可以更好地利用公开信息对上市公司的业绩作出较为准确预测,较少定价误差。也就是说,信息精度 B 的增加会导致定价误差 $Var(p^* - \mu)$ 不断减小,从而提升价格发现效率。在信息交易者完全理性的条件下,价格发现效率和信息披露质量正相关。由此我们得到了推论三。

推论三:信息透明度与证券市场价格发现效率正相关。

通过上述模型分析,发现信息交易者以最大化效用为目标时,其对资产价格的发现效率受到信息精度 B 的影响。具体来说,信息越精确,资产价格发现效率越高,证券市场价格发现效率也越高。这说明,在微观结构下,信息精度驱动了信息交易者的决策行为,降低了证券市场的信息不对称,提升了市场有效性。

从证券市场的视角来看,招股说明书、业绩预告、财务报告等都是信息披露,是提升信息精确的重要渠道。如同上文的论述,信息披露和信息披露质量(信息精度)通常是一致的。图4-1展示了信息透明度提升价格发现效

率的路径。招股说明书是企业上市、发行股票时就募股融资事项进行信息披露的重要书面文件，是股票发行阶段信息披露的主要载体，证监会发布《关于注册制下提高招股说明书信息披露质量的指导意见》，旨在提高招股说明书信息披露质量，缓解投资者与发行人之间的信息不对称程度，提升信息发现效率。注册制下业绩预告的主体是上市公司，它们属于信息的拥有者，会站在自身利益的角度下，掩盖公司相关信息的发布，致使市场参与者处于信息劣势地位。财务报告是投资者获取公司信息的最重要渠道，其信息公开是维护市场公平、保护投资者利益的重要方式，其信息披露全面、可靠性强，是投资者主要的投资依据之一。因此，提高信息披露质量，增强信息透明度，是缓解信息不对称，提升价格发现效率的关键。

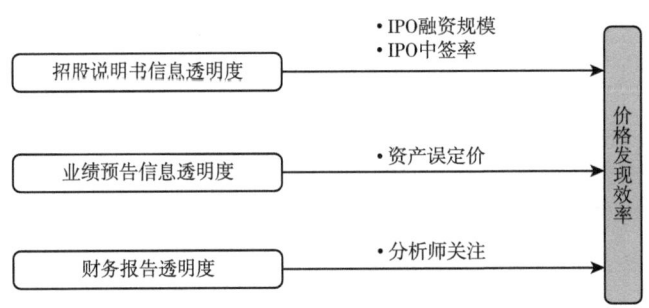

图 4-1 信息透明度提升价格发现效率的路径

本书以有效市场理论、信息不对称理论和微观市场理论为理论基础，分别从市场效率视角确定了本书的研究落脚点——价格发现效率，从信息视角确定了本书的研究出发点——信息透明度，从市场结构视角构建了信息微观结构经济模型，确立了信息透明度影响价格发现效率的理论框架。在此基础上，本书借鉴信息论原理，以信息源产生的时间顺序，将反映公司信息透明度的指标聚焦在先导信息的招股说明书信息透明度、即时信息的业绩预告信息透明度和滞后信息的财务报告透明度三个维度，分别以 IPO 融资规模、IPO 中签率、资产误定价等为中介变量，考察了不同维度下公司信息透明度影响价格发现效率的作用机制，从理论和实证两个维度探讨信息透明度对价格发现效率的影响。

4.2 注册制下科创板特征事实分析

4.2.1 科创板上市公司分布情况分析

为增加对科创板上市公司相关指标的直观了解，本部分以科创板上市公司为样本，梳理科创板上市公司的分布情况，并对相关指标进行测算（见表4-1）。

表4-1　　　　　科创板上市公司的分布情况

省（区、市）	公司数（家）	省（区、市）	公司数（家）
江苏省	138	河南省	7
上海市	114	江西省	7
广东省	113	黑龙江省	4
北京市	101	贵州省	4
浙江省	68	重庆市	4
山东省	26	吉林省	3
安徽省	26	河北省	3
四川省	24	新疆维吾尔自治区	1
湖北省	18	海南省	1
陕西省	17	云南省	1
湖南省	16	香港特别行政区	1
福建省	12	青海省	1
辽宁省	12	广西壮族自治区	1
天津市	8	—	—

资料来源：Wind数据库。

为进一步明晰样本的分布，对其行业分布情况进行分析（见表4-2）。科创板上市企业以制造业为主，专用、通用设备制造业，非金属矿物制品业等占比超过半数；其后为化学原料和化学制品制造业，信息传输、软件和信息技术服务业，占比分别为20.25%和16.1%。

表 4-2　　　　　　　　研究样本的行业分布情况

行业	样本数量（家）	百分比（%）
专用、通用设备制造业，非金属矿物制品业等	356	54.60
化学原料和化学制品制造业	132	20.25
信息传输、软件和信息技术服务业	105	16.10
仪器仪表、其他制造业	27	4.14
科学研究和技术服务业	15	2.30
水利、环境和公共设施管理业	14	2.15
食品制造业	3	0.46
合计	652	100.00

资料来源：Wind 数据库，笔者计算整理。

4.2.2　科创板上市公司价格发现效率分析

基于前文对上市公司信息透明度的界定，上市公司不同阶段的信息透明度对价格发现效率的影响机制不一样，表现形式也不同，呈现多元性。

本书在研究招股说明书信息透明度对价格发现效率的影响时，考虑到公司处于 IPO 阶段，市场参与者获取公司信息的主要来源是招股说明书申报稿和注册稿的内容，故采用文本分析方法来衡量招股说明书透明度，通过文本长度和句读含词量考察问询前后招股说明书文本特征的变化，以反映招股说明书的质量。IPO 阶段价格发现效率更多表现为股票价格对招股说明书信息的反应速度与程度，因此以股价同步性度量价格发现效率最为合适。股价同步性越低，价格发现效率越低，股价中所包含的公司特质信息越多，价格发现效率越高；反之，股价同步性越高，股价中所包含的公司特质信息越少，价格发现效率越低。参考前人的研究（田高良等，2019；方红星等，2019；王运陈等，2020；翟淑萍等，2021；石玉峰等，2022），用市场收益模型的拟合优度 R^2 衡量股价同步性。R^2 被认为是股价波动中，能被行业和市场解释的部分。考虑到 R^2 的取值范围为（0，1），为保证被解释变量的正态性，对 R^2 做变换，得到股价同步性指标。

根据科创板业绩预告规定，符合一定条件的才予以公告，这些条件包括出现亏损、同比变化超过 50% 等特殊情形，上市后的业绩预告很容易引起投资者的关注。在分析业绩预告信息透明度与价格发现效率的关系时，采用 Hou 和 Moskowitz（2005）的价格发现方法，该方法得到学者们的广泛运用（Saffi et al.，2011；Boehmer et al.，2013；李志生等，2015）。其基本原理是，信息若不能在当期的股票价格中得到体现的话，会在后续价格中得到体现，从而表现为滞后性。测度方法是用单只股票收益率对同期及滞后四期的市场收益进行回归，捕捉了单个资产收益率中由滞后市场收益率所解释的比例（李志生等，2015），但考虑到我国同涨同跌现象严重（Morck et al.，2000；许年行等，2011），据此得到第二个滞后反应指标，该指标捕捉了滞后市场收益率的回归系数在所有回归系数中的比重，取值越小，表示定价效率越高。鉴于指标测度的有效性，参考 Boehmer 和 Wu（2013）的做法，将每只股票的周收益率对当周综合市场收益率及滞后四周综合市场收益率按年进行回归，最后得到公司年度观测值（$Delay$），作为价格发现效率（$Peff$）的测度指标，该指标是价格发现效率的逆指标，即公司年度观测值越大，说明价格发现效率越低。为增加结果的稳健性，对个股收益率与市场及行业收益率之间的相关性进行检验，如果两者具有较强的相关性，则表明股价中确实包含与市场及行业相关的各种信息，市场效率越高，股票价格中所包含的信息量就越高。反之，则股票价格中所包含的信息量就越低。具体做法是，用每年每只股票每日收益率与滞后一期的市场收益率之间的相关系数，取其绝对值作为定价效率代理变量，绝对值越小，则代表股票所包含的异质性风险越大，股票定价效率越高。反之，绝对值越大，代表股票所包含的异质性风险越小，股票的定价效率越低。由于业绩预告准确性采用了预测误差（$Forecast\_error$），因此，该指标越大，则准确性越差。

在考察财务报告透明度对价格发现效率的影响时，采用业绩预告对价格发现效率影响同样的测度方法，运用可操控性应计盈余管理来进行分析。为增强度量的准确性和实证分析结果的可靠性，采用可操控性应计项目分别进行检验。具体思路：选取科创板上市公司为样本，用修正琼斯（Jones）模型（Dechow，1995）及无形资产琼斯（Jones）模型（陆建桥，1999）所得可操纵性应计算得的盈余管理来衡量公司信息透明度，该指标越接近于零，表示盈余管理程度越低。为更好地反映公司信息透明度，对该值取绝对值，分别得到 $FRT1$ 和 $FRT2$，此值越大表示公司信息透明度越低。为使其正向反应企业信息透明度，指标选取相反数来衡量公司信息透明度，此时指标越大代表公司信息透明度越高。

2019—2021 年价格发现效率箱型图，如图 4-2 所示。2019—2021 年科创板上市公司价格发现效率描述性统计，如表 4-3 所示。2019—2021 年价格发现效率的均值分别为 0.911、0.365 和 0.554，标准差则分别为 0.093、0.321 和 0.294。

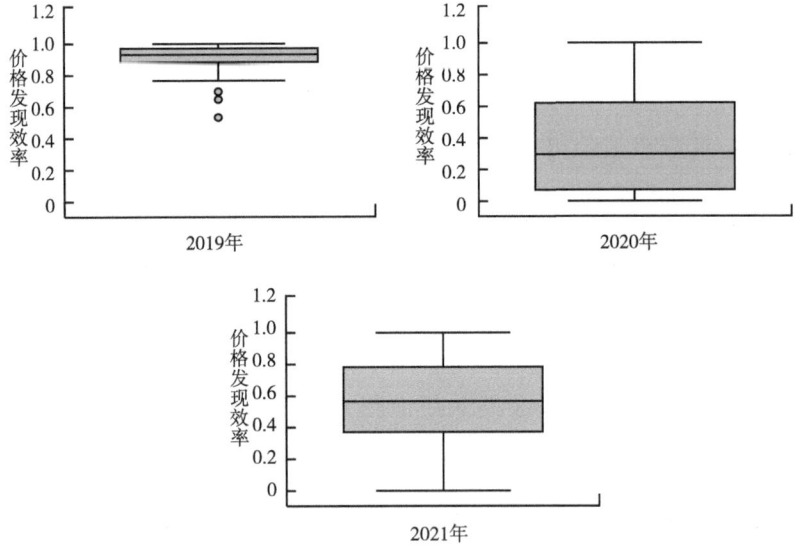

图 4-2　2019—2021 年价格发现效率箱型图

由图 4-2 可知，2019 年的指标分布存在异常值，2020 年和 2021 年的分布比较均匀。通过上述分析结果可以看出，价格发现效率在科创板创立第一年稍有波动，之后则较为符合一般规律。当然，由于选取的样本时间跨度较为有限，难以判断其未来走势，需要根据较长的样本时间跨度做进一步分析判断。

表 4 - 3　2019—2021 年科创板上市公司价格发现效率描述性统计

年份	观测值	均值	标准差	最小值	最大值
2019	55	0.911	0.093	0.535	1.000
2020	195	0.365	0.321	0	1.000
2021	354	0.554	0.294	0	1.000

4.2.3　科创板上市公司信息透明度分析

本书分别选择招股说明书信息透明度、业绩预告信息透明度和财务报告透明度作为公司信息透明度的代理变量，可以涵盖股票上市前、上市后的关键因素，现从不同角度对这一变量进行阐述。

1. 招股说明书基本数据分析

选取 2019—2021 年科创板上市公司 IPO 招股说明书申报稿和注册稿为样本，分析招股说明的信息透明度（AQ），通过文本长度（AQ1）和句读含词量（AQ2）考察问询前后招股说明书文本特征的变化，以反映招股说明书的质量。招股说明书信息透明度 $AQ1$ 和 $AQ2$ 的箱型图，如图 4 - 3 所示。从图中可以看出，文本长度和句读含词量的数值稳定，不存在异常值。

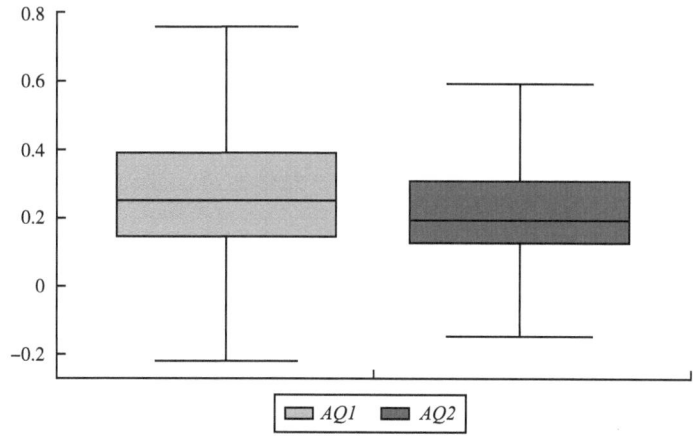

图 4 - 3　招股说明书信息透明度 $AQ1$ 和 $AQ2$ 的箱型图

招股说明书的分行业描述性统计，如表 4-4 所示。可以看出，行业间的 $AQ1$ 和 $AQ2$ 差异并不明显。$AQ1$ 和 $AQ2$ 的均值分别位于 0.244 和 0.394、0.194 和 0.307 之间。

表 4-4　　　　　　招股说明书的分行业描述性统计

行业	变量	观测值	均值	标准差	最小值	最大值
C2	$AQ1$	58	0.285	0.195	-0.221	0.761
	$AQ2$	58	0.225	0.171	-0.144	0.621
C3	$AQ1$	172	0.275	0.190	-0.221	0.761
	$AQ2$	172	0.218	0.148	-0.144	0.621
C4	$AQ1$	17	0.244	0.181	0.0748	0.759
	$AQ2$	17	0.211	0.163	0.0252	0.585
I	$AQ1$	43	0.320	0.194	-0.0260	0.696
	$AQ2$	43	0.246	0.177	-0.113	0.621
M	$AQ1$	11	0.253	0.174	0.0809	0.628
	$AQ2$	11	0.194	0.148	0.0707	0.535
N	$AQ1$	5	0.394	0.0893	0.275	0.498
	$AQ2$	5	0.307	0.0886	0.207	0.431

注：C2 指木材加工和木、竹、藤、棕、草制品业，C3 指非金属矿物制品业，C4 指仪器仪表制造业，I 指信息传输、软件和信息技术服务业，M 指科学研究和技术服务业，N 指水利、环境和公共设施管理业。

如表 4-5 所示，价格发现效率的均值、中位数分别为 -2.148 和 -1.918。文本长度和句读含词量的均值分别为 0.283 和 0.223，中位数分别为 0.254 和 0.196，标准差分别为 0.198 和 0.163。总体而言，波动性不大。

表 4-5　　　　　　招股说明书信息透明度的描述性统计

变量	观测值	均值	最小值	1/4 分位数	中位数	3/4 分位数	最大值	标准差
$Peff$	306	-2.148	-5.077	-3.325	-1.918	-0.793	0.186	1.624
$AQ1$	306	0.283	-0.589	0.146	0.254	0.394	1.016	0.198
$AQ2$	306	0.223	-0.467	0.124	0.196	0.313	0.839	0.163

2. 业绩预告透明度基本数据分析

对业绩预告信息透明度的分析，以业绩预告的准确性和精确性来反映信息披露质量，其中准确性衡量的是业绩预告的实质准确性，精确性衡量的是业绩预告的形式精确性（王浩等，2015；刘柏等，2018）。科创板上市公司业绩预告信息透明度的描述性分析，如表4-6所示。科创板上市公司业绩预告准确性和精确性的箱型图，如图4-4所示。

表4-6　科创板上市公司业绩预告信息透明度的描述性分析

行业代码	变量	观测值	均值	标准差	最小值	最大值
C2	业绩预告准确性	66	0.867	0.826	0.006	2.370
	业绩预告精确性	66	0.110	0.077	0.000	0.259
C3	业绩预告准确性	162	0.552	0.653	0.006	2.370
	业绩预告精确性	162	0.100	0.078	0.000	0.259
C4	业绩预告准确性	6	0.836	1.020	0.030	2.248
	业绩预告精确性	6	0.103	0.102	0.000	0.259
I	业绩预告准确性	45	0.743	0.854	0.008	2.370
	业绩预告精确性	45	0.123	0.084	0.000	0.259
M	业绩预告准确性	7	0.377	0.431	0.006	1.190
	业绩预告精确性	7	0.093	0.064	0.000	0.182
N	业绩预告准确性	6	1.785	0.921	0.354	2.370
	业绩预告精确性	6	0.118	0.087	0.000	0.207

注：C2指木材加工和木、竹、藤、棕、草制品业，C3指非金属矿物制品业，C4指仪器仪表制造业，I指信息传输、软件和信息技术服务业，M指科学研究和技术服务业，N指水利、环境和公共设施管理业。

由于业绩预告准确性采用了预测误差（$Forecast\_error$），因此，该指标越大，则准确性越低。从上述结果可以发现，M行业的业绩预告准确性最高，N行业的业绩预告准确性最低。同理，业绩预告精确性（$Precision$）也是如此。总体来看，各行业业绩预告精确性的均值从0.093到0.123，相差不大。从图4-4科创板上市公司业绩预告准确性和精确性的箱型图来看，其分布基本满足回归分析条件，尽管业绩预告准确性的观测值有极个别处于边界之外，但不影响后文的分析。

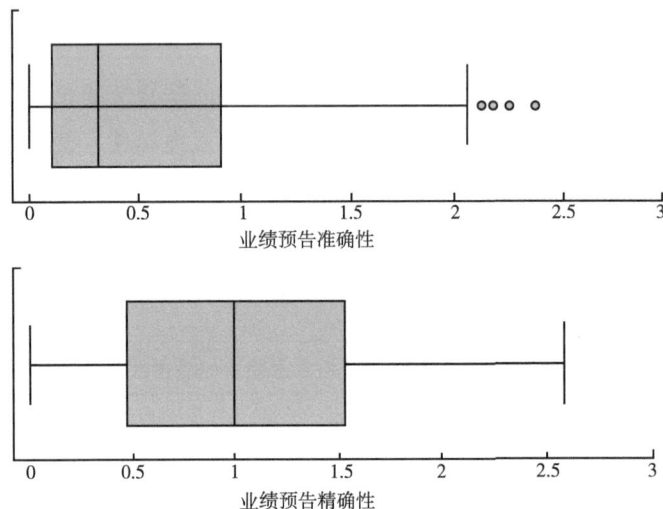

图 4-4 科创板上市公司业绩预告准确性和精确性的箱型图

业绩预告透明度的描述性统计,如表 4-7 所示。价格发现效率的均值和中位数分别为 0.155 和 0.128。发布业绩预告的样本总数偏少,共 310 个样本发布了业绩预告,因此,"是否发布业绩预告"变量(*Issue*)仅在 3/4 分位数才出现 1。*Forecast_error* 的均值和中位数分别为 0.679 和 0.332。

表 4-7　　　　　　业绩预告透明度的描述性统计

变量	观测值	均值	最小值	1/4 分位数	中位数	3/4 分位数	最大值	标准差
Peff	482	0.155	0.000	0.063	0.128	0.226	0.377	0.114
Issue	482	0.475	0.000	0.000	0.000	1.000	1.000	0.500
Forecast_error	292	0.679	0.006	0.112	0.332	0.912	2.370	0.762

3. 财务报告透明度基本数据分析

本书以 2019—2021 年科创板上市公司为样本,经过数据筛选与整理,笔者共收集了 593 个有效样本观测值,数据主要来源于 CSMAR 数据库和 Wind 数据库。结合相关文献,为增强度量的准确性和实证分析结果的可靠性,分别用修正琼斯模型及无形资产琼斯模型所得可操纵性应计算得的盈余管理,取其绝对值的相反数,分别得到 *FRT1* 和 *FRT2*。财务报告透明度的描述性统计,如表 4-8 所示。

表 4-8　　　　　　　财务报告透明度的描述性统计

变量	观测值	均值	最小值	1/4 分位数	中位数	3/4 分位数	最大值	标准差
$Peff$	593	0.529	0.327	0.000	0.245	0.539	0.821	1.000
$FRT1$	593	-0.068	0.073	-0.568	-0.092	-0.044	-0.020	-0.000
$FRT2$	593	-0.069	0.074	-0.571	-0.094	-0.046	-0.020	-0.000

$FRT1$ 和 $FRT2$ 的均值分别为 -0.068 和 -0.069。科创板上市公司财务报告透明度分年度描述性统计，如表 4-9 所示。2019—2021 年，$FRT1$ 的均值分别为 1.990、1.401 和 1.432，$FRT2$ 的均值分别为 2.028、1.654 和 1.736，两者相差不大。进一步地，从标准差来看，两者也无明显差异。

表 4-9　　科创板上市公司财务报告透明度分年度描述性统计

年份	变量	观测值	均值	标准差	最小值	最大值
2019	$FRT1$	69	1.990	0.877	0	3.332
	$FRT2$	69	2.028	0.916	0	3.526
2020	$FRT1$	211	1.401	1.051	0	3.932
	$FRT2$	211	1.654	1.267	0	4.654
2021	$FRT1$	372	1.432	1.119	0	4.159
	$FRT2$	372	1.736	1.376	0	5.124

2019—2021 年财务报告透明度箱型图，如图 4-5 所示。从图中可以看出数据的分布情况，结果显示这两个指标的分布均无明显异常。

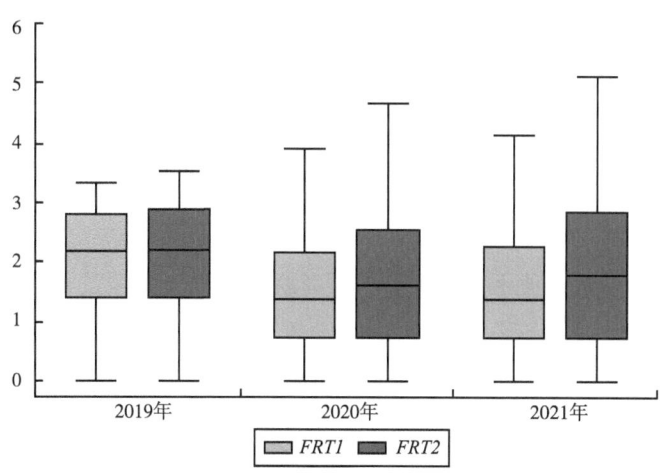

图 4-5　2019—2021 年财务报告透明度箱型图

第 5 章
注册制下招股说明书信息透明度对价格发现效率的影响

注册制是我国资本市场的一个创新制度安排,科创板率先实行注册制,体现了我国推进资本市场改革的坚强决心,是资本市场基础性制度的一次突破。注册制改革强调以信息披露为核心。招股说明书是一种法律文件,也是公司申请上市的重要文件之一,是公开发行股票时需要提供给投资者的信息材料。招股说明书反映的公司信息是否真实、客观,将直接影响投资者的决策。本章以注册制下招股说明书信息透明度为研究出发点,讨论其对价格发现效率的影响机理。

5.1 理论分析与研究假设

招股说明书是企业上市、发行股票时就募股融资事项进行信息披露的重要书面文件,是股票发行阶段信息披露的主要载体。在企业申请上市审核时,招股说明书也是上市委员会重点审议的文件,在科创板、创业板申请上市的企业中,曾出现在首次问询中被要求重新撰写招股说明书相关章节的案例。

注册制下对信息披露的要求更加严格,披露信息应真实、准确、完整且符合重大性要求，重大性判断标准是注册制下信息披露的核心所在。证券发行市场及交易市场的割裂，导致重大性呈现"投资决策标准"向"证券价格标准"异化的趋势，两个市场信息披露要求的差异，进一步造成重大性选择标准的不统一（马志健，2022）。这就需要发行人和中介机构严格按照重大性标准撰写招股说明书，减少审核问询环节，平衡好投资者需求与上市公司披露成本，防止信息过载。IPO审核问询是证券监管机构发挥监督管理职能，引导发行人提高招股说明书信息披露质量的重要环节。问询函制度是舶来品，是我国监管机构吸取国外经验的制度性创新，也是我国资本市场信息监管的重要手段。当对上市公司披露的某些文件存有质疑时，监管机构会采取行政手段，通过问询函的方式促使上市公司作出解释，其作用在于通过询问和回复，全面地了解上市公司信息披露的真实性。问询函形式的监管目前已成为证监会的重要监管方式。现有研究表明，财务报告问询函在监管机构问询中的占比较高，主要围绕公司财务报告进行事后审核，问题主要表现在会计处理、企业经营方面（陈运森等，2017）。

科创板首次打开IPO审核问询的"黑匣"，拟上市公司需要接受上海证券交易所以审核问询为手段的非行政处罚性监管。研究发现，新股发行上市过程中与关键事项相关的审核问询越强，拟上市公司招股说明书注册稿相对于申报稿的关键事项信息披露水平提升越高，这需要拟上市公司从申报稿的撰写开始就要符合重大性要求。通过对比招股说明书最终的注册稿，发现申报稿涉及的风险因素信息披露的不足主要表现在篇幅过短、项数不够、内容缺失等方面。研究发现，从监管角度来说，问询环节改进了风险信息披露，而且在交易所问询环节要比在上市委和证监会的问询环节表现明显；从风险因素来说，增加了经营风险、财务风险因素的信息披露；从风险把控来说，注册稿的风险因素的信息披露质量有待进一步提高。从数量和质量上进行对比，科创板上市企业并未优于A股可比公司（詹雷等，2021）。这对规范我国公司风险信息披露具有重要启示，也有利于证监会进一步推进新股发行制度改革。

进一步研究发现，审核问询能显著提升企业的信息披露水平，进而影响问询本身对企业IPO表现的作用（胡志强等，2021）。从审核问询回复函信息量的角度来看，回复函的信息量越大、信息可视化程度越高、会计术语和逆接成分密度越小，对首发抑价程度的影响越小，且公司研发投入越多，回复函质量对首发抑价的影响越强烈，这说明审核问询回复函信息量与公司首发抑价显著负相关（薛爽等，2022）。从回复函信息特征来看，回复函叙述性披露内容越多、可视化信息量越大、文本可读性越高，机构投资者询价意见分歧越小。公司研发投入越多，回复函信息特征对询价意见分歧的影响越大（薛爽等，2022），这说明科创板 IPO 审核问询回复函的信息特征显著影响了机构投资者的询价意见分歧。

注册制改革把对公司进行价值判断的权利更多地交还投资者，要避免可能随之而来的"柠檬市场"，需要进一步强化差异化信息披露制度的构建。同时，有必要引导证监会之外的市场多元主体力量在信息披露机制中发挥更大作用，推动注册制下我国证券市场的持续革新（郭雳，2020）。有研究表明，在国内上市的企业和去美国上市的企业相比，国内上市企业的信息披露水平整体比较低，而且不同公司的风险信息披露更具有趋同性；在美国上市的国内企业风险披露降低了 IPO 抑价，而国内上市公司在这方面表现的不明显（李璇等，2021）。此外，尽管科创板试点注册制的 IPO 信息披露在持续时间、披露文件、披露内容上都有较大改进，但同时也存在一些不足，究其原因，一方面是 IPO 信息披露导向的改变，另一方面是中介机构仍保留了过去的工作习惯（叶小杰等，2020）。

针对交易定价环节，科创板市场也对 A 股市场传统交易机制实行了重要增量改革创新（张宗新等，2021）。首先是直接影响价格形成的涨跌幅限制机制，科创板重点突破了新股上市首日价格最大涨跌幅44%的限制，在新股上市的前5个交易日不设涨跌幅限制，同时从第6个交易日开始，涨跌幅限制由主板现行的10%放宽至20%。既有研究表明，涨跌幅限制政策是加剧市场波动的重要原因，放宽甚至放开涨跌幅限制并不会引起市场过度波动，相反能较好地促进市场充分博弈，加快均衡价格的实现（Hsieh et al.，2009）。其次是配套的融资融券制度，科创板股票自上市首日起即可作为融资融券标的，并优化了转融券制度与融券供给机制，改善了基于供给面的卖空约束，加快了市场供需关系的自发平衡（Chang et al.，2007）。

在注册制下，科创板全面公开上市申请过程，以信息披露为核心是 IPO 注册制的本质要求，提高 IPO 信息披露质量，是市场在资源配置中发挥决定性作用的关键。根据有效市场理论，价格发现效率显然会受到 IPO 信息披露质量的影响。一方面，科创板 IPO 披露的信息会逐渐融入股票价格；另一方面，随着交易的进行，IPO 定价误差会逐渐得到缓解，最终得到均衡价格，进而提高价格发现效率。综上所述，依据有效市场理论，招股说明书信息透明度能起到降低信息不对称、保障投资者利益以及维护资本市场稳定的作用。

基于此，提出本章第一个研究假设 H1：科创板上市公司招股说明书信息透明度能够提升价格发现效率。

IPO 过程中，融资规模和中签率往往是投资者关注的焦点问题。有研究指出，IPO 融资对二级股市的影响既存在于短期，也存在于中期甚至是长期，在长期则体现为股票价格回归其均衡价值的过程（侯明亮，2013）。进一步，从新股上市的日均成交金额等流动性指标变化来看，市场流动性能够充分释放。此外，试点注册制改变了市场对于新股"供不应求"的预期，"炒新"现象大幅下降，存量市场的结构性分化态势日益明显。伴随注册制改革，IPO 融资规模的增加和 IPO 中签率的提升是股市差异化定价作用的进一步体现，相应地，优胜劣汰机制进一步发挥作用。

为此，提出本章第二个研究假设 H2：其他条件不变时，IPO 融资规模高（或 IPO 中签率高），招股说明书信息透明度提升价格发现效率的作用更显著。

5.2 研究设计

5.2.1 模型设定

为检验招股说明书信息透明度对价格发现效率的影响，构建模型如式

(5-1) 所示。

$$Peff_i = \alpha_0 + \alpha_1 AQ_i + \alpha_2 \sum Controls_i + \sum Ind + \sum Year + \varepsilon_i \quad (5-1)$$

式（5-1）中，$Peff$ 是股价同步性，作为价格发现效率的代理变量；AQ 是招股说明书信息透明度，$Controls$ 是控制变量，Ind 和 $Year$ 分别是行业、年度变量，ε_i 是误差项。

5.2.2 变量选择

1. 被解释变量

价格发现效率（$Peff$）。借鉴前人的做法（田高良等，2019；方红星等，2019；王运陈等，2020；翟淑萍等，2021；石玉峰等，2022），采用股价同步性（Syn）作为价格发现效率的度量方式，并用市场收益模型拟合优度 R^2 衡量股价同步性。其中，R^2 是股价波动中能被市场和行业解释的部分，度量方式见式（5-2）和式（5-3）。

$$R_{i,t} = \alpha_0 + \beta_i \times R_{m,t} + \varepsilon_{i,t} \quad (5-2)$$

$$Syn = \ln\left(\frac{R^2}{1-R^2}\right) \quad (5-3)$$

其中，$R_{i,t}$ 为股票 i 在第 t 周的个股回报率；$R_{m,t}$ 为以流通市值加权的第 t 周市场回报率，两者均考虑现金红利再投资的影响。Syn 为股价同步性指标，Syn 越小，股价同步性越低，表明股价中蕴含的公司特质信息更多，价格发现效率（$Peff$）越高；反之，Syn 取值越大，表明股价同步性越高，价格发现效率（$Peff$）越低。

2. 核心解释变量

招股说明书信息透明度（AQ）。文献较少涉及招股说明书信息透明度，随着注册制的实施，逐渐有少量文献关注科创板上市公司的招股说明书信息透明度，主要从文本分析和问询函的角度予以分析。为此，笔者借鉴以往文献研究（王克敏等，2018；胡志强等，2021），运用文本分析方法来衡量招股说明书信息透明度。

具体思路：考察问询前后招股说明书文本特征的变化。现有文献一般采用文本长度作为信息披露的总体衡量指标，另外也从信息字数、信息密集程度等方面设置更加细分的评价指标（Leone et al.，2007；Kimbrough et al.，2011；Loughran et al.，2014）。因此，本书借鉴该思路，构建两种信息指标来考察招股说明书的信息披露水平，即总体指标和细分指标：一是文本长度（AQ1），采用招股说明书的总词数来衡量文本信息总量，文本长度越长，则招股说明书信息总量越大；二是句读含词量（AQ2），即每个常用断句标点符号之间的中文词语数量，句读含词量越大，表明招股说明书文本中每句的信息含量越高，但可读性可能会因此降低（Flesch，1988）。

在计算以上两个指标之前，需要对招股说明书文本进行分词处理。本书运用文本分析及汉语分词技术对年报文本信息进行提取、分析，利用Python进行文本数据提取，通过"程序+人工"的方式完成分词。利用以上两种信息指标衡量样本公司招股说明书申报稿及注册稿的信息披露水平，并记录结果[①]，利用式（5-4）计算更新程度。

$$AQ_i = \frac{\partial_{i,v2} - \partial_{i,v1}}{\partial_{i,v1}} \quad (5-4)$$

其中，$\partial_{i,v1}$表示以申报稿v_1为信息文本得到指标i的大小，而$\partial_{i,v2}$表示以注册稿v_2为信息文本得到指标i的大小，最终得到两种文本信息更新指标——文本长度更新（AQ1）、句读含词量更新（AQ2）。

3. 控制变量

为控制其他变量影响，借鉴相关文献的做法（魏志华等，2019；张飞等，2020；胡志强等，2021；涂晓岚等，2021；赖黎等，2022；朱鹏等，2022），控制了其他变量，把上市前一年的公司规模、资产负债率、盈利能力、公司年

---

① 第一步，下载年报。从上海证券交易所下载2019—2021年所有科创板上市公司PDF格式的申报稿和注册稿。第二步，将PDF文件转换为HTML文件。利用格式转换软件（Solid Converter PDF）将PDF格式的年报批量转换为HTML格式。第三步，利用Python软件整理年报文本。第四步，分词、统计词频。借助简易中文分词系统对年报文字信息进行分词，并统计词频。

龄、募资额、中签率、市场情绪、承销商商誉等作为控制变量，并控制公司所属行业和 IPO 年份。变量定义如表 5-1 所示。

表 5-1　　　　　　　　　　变量定义

变量名称	变量符号	变量定义
价格发现效率	Peff	以式（5-3）进行度量
文本长度	AQ1	以式（5-4）进行度量
句读含词量	AQ2	以式（5-4）进行度量
公司规模	Size	公司上市前一年的总资产自然对数
负债水平	Lev	公司上市前一年的资产负债率
盈利能力	Roa	公司上市前一年的总资产利润率
公司年龄	Age	公司上市年度减成立年度的自然对数
募资额	IPOsize	每股发行价乘新股发行数量的自然对数
中签率	Lott	新股发行数量除以有效申购股数
市场情绪	Mkm	新股上市前 3 个月市场累计收益率
承销商声誉	UW	若 IPO 公司由国内前十大承销商承销，UW 取 1，否则取 0；承销商声誉来源于中国证券业协会网站的排名

5.2.3　样本与数据

以 2019—2021 年所有科创板 IPO 公司为初始研究样本，对样本数据进行如下筛选和处理：

（1）剔除财务报表中相关数据缺失的样本。

（2）剔除数据异常的样本。最后得到 306 个样本观测值，本部分研究的是科创板招股说明书信息透明度，收集的数据主要是截面数据。

本部分数据主要来源于 CSMAR 数据库和 Wind 数据库，为控制极端值的影响，对所有连续变量进行 1% 和 99% 分位数缩尾（winsorize）处理。

5.3 结果与分析

5.3.1 变量描述性统计

主要变量的描述性统计，如表 5-2 所示。股价同步性指标（$Peff$）的均值、中位数分别为 -2.148 和 -1.918，标准差为 1.624。文本长度（$AQ1$）的均值、中位数分别为 0.283 和 0.254，句读含词量（$AQ2$）的均值、中位数分别为 0.223 和 0.196。两者的标准差分别为 0.198 和 0.163。由上述指标数值可知，股价同步性和招股说明书透明度总体波动性不大，均在合理范围内。另外，控制变量的均值、方差也均在合理数值范围内，此处不再赘述。

表 5-3 的相关性分析分别列示了皮尔森和斯皮尔曼的相关系数，结果表明，$AQ1$、$AQ2$ 与股价同步性均呈现显著负相关，初步符合理论预期。其他控制变量与股价同步性的关系与已有文献的发现没有太大出入。同时，相关性分析也在一定程度上排除了多重共线性问题。

表 5-2　　　　　　　主要变量的描述性统计

变量	观测值	均值	最小值	1/4 分位数	中位数	3/4 分位数	最大值	标准差
$Peff$	306	-2.148	-5.077	-3.325	-1.918	-0.793	0.186	1.624
$AQ1$	306	0.283	-0.589	0.146	0.254	0.394	1.016	0.198
$AQ2$	306	0.223	-0.467	0.124	0.196	0.313	0.839	0.163
$Size$	306	20.738	19.718	20.049	20.527	21.128	24.246	0.924
Lev	306	0.360	0.142	0.207	0.342	0.467	0.838	0.172
Roa	306	0.122	0.027	0.066	0.109	0.164	0.380	0.075
Age	306	2.647	2.090	2.376	2.684	2.909	3.374	0.340
$IPOsize$	306	11.378	10.389	10.800	11.287	11.802	13.474	0.740
$Lott$	306	0.049	0.021	0.026	0.039	0.060	0.146	0.030
UW	306	0.569	0.000	0.000	1.000	1.000	1.000	0.496
Mkm	306	1.334	0.599	0.602	1.592	1.653	1.653	0.461

表 5-3　变量相关性分析

变量	Peff	AQ1	AQ2	Size	Lev	Roa	Age	IPOsize	Lott	UW	Mkm
Peff	1	-0.108*	-0.047*	-0.076	-0.088	0.044	0.042	0.114**	0.018	-0.008	0.166***
AQ1	-0.077*	1	0.884***	-0.063	-0.042	0.088	-0.098*	-0.057	0.334***	-0.050	-0.152***
AQ2	-0.026*	0.907***	1	-0.011	-0.010	0.089	-0.086	-0.057	0.323***	-0.028	-0.203***
Size	-0.091	-0.106*	-0.069	1	0.424***	-0.583***	0.013	0.441***	0.186**	0.043	-0.017
Lev	-0.094	-0.071	-0.045	0.445***	1	-0.383***	0.070	0.054	-0.122**	0.022	0.034
Roa	0.004	0.076	0.072	-0.492***	-0.384***	1	0.036	-0.010	-0.007	-0.068	-0.089
Age	0.047	-0.107*	-0.092	-0.016	0.041	0.003	1	-0.252***	-0.258***	0.045	0.119**
IPOsize	0.095*	-0.108*	-0.092	0.554***	0.089	0.008	-0.241***	1	0.504***	0.077	-0.094
Lott	-0.169***	0.293***	0.295***	0.256***	-0.089	0.011	-0.232***	0.390***	1	0.034	-0.332***
UW	-0.019	-0.082	-0.064	0.042	0.039	-0.031	0.051	0.063	0.067	1	-0.126**
Mkm	0.056	-0.209***	-0.268***	0.009	0.088	-0.079	0.220***	-0.193***	-0.705***	-0.091	1

注："***""**""*"分别表示在1%、5%和10%的水平上显著。

5.3.2 基准回归

为验证假设 H1，本章采用截面数据，运用普通最小二乘法回归的方法进行计量分析，结果如表 5-4 所示。

招股说明书信息透明度的两个替代变量 *AQ1* 和 *AQ2* 均与股价同步性指标显著负相关，表明股价同步性指标越大，则公司特质信息越少，价格发现效率越低。该结果证实了招股说明书信息透明度能够显著提升价格发现效率。

这在一定程度上也验证了证监会对招股说明书规定的有效性。在注册制改革背景下，招股说明书整体上能够按照证监会的监管要求，披露的内容都与企业属性相关，注重提升管理层讨论的针对性，这些信息对价格发现效率的提升作用得到验证。

表 5-4　招股说明书透明度与价格发现效率的基准回归

变量	(1) Peff	(2) Peff	(3) Peff	(4) Peff
AQ1	-9.325* (-1.669)	-9.502* (-1.704)		
AQ2			-8.624* (-1.842)	-8.528* (-1.923)
aq1	-43.948 (-1.604)	-45.106* (-1.654)		
aq2			-40.989 (-1.377)	-41.139 (-1.388)
Size	-0.422** (-2.555)	-0.401** (-2.337)	-0.414** (-2.496)	-0.395** (-2.294)
Lev	-1.040* (-1.840)	-1.167** (-1.981)	-1.018* (-1.808)	-1.136* (-1.936)
Roa	-3.523** (-2.323)	-3.379** (-2.124)	-3.469** (-2.287)	-3.328** (-2.090)

续表

变量	(1) Peff	(2) Peff	(3) Peff	(4) Peff
Age	0.418 (1.475)	0.375 (1.295)	0.418 (1.462)	0.374 (1.283)
IPOsize	0.814*** (4.897)	0.807*** (4.715)	0.798*** (4.741)	0.793*** (4.574)
Lott	-17.848*** (-4.109)	-19.405*** (-4.388)	-17.894*** (-4.117)	-19.390*** (-4.393)
UW	-0.099 (-0.558)	-0.096 (-0.534)	-0.098 (-0.551)	-0.095 (-0.525)
Mkm	-0.440 (-1.617)	-0.513* (-1.851)	-0.452* (-1.654)	-0.520* (-1.873)
_cons	-1.726 (-0.684)	-1.756 (-0.646)	-1.692 (-0.669)	-1.686 (-0.619)
Ind	No	Yes	No	Yes
N	305	305	305	305
F	5.649	4.080	5.187	3.767
Adj. R^2	0.097	0.093	0.095	0.090

注：括号内为 t 值，"***""**""*"分别表示在1%、5%和10%的水平上显著，后同。aq1、aq2 分别是 AQ1 和 AQ2 的平方项，主要考察招股说明书透明度与价格发现效率之间的非线性关系。本章其他表格的变量含义与此相同。

5.3.3 机制检验

为验证本章假设 H2，选择 IPO 融资规模、IPO 中签率作为调节变量，进行异质性分析。

具体思路：首先，分别计算 IPO 融资规模、IPO 中签率的中位数；其次，根据 IPO 融资规模、IPO 中签率的中位数划分为高低两组；最后，分组回归进行检验。

1. IPO 融资规模

IPO 融资规模分组回归，如表 5-5 所示。列（1）和列（2）是高融资规模组的回归结果，招股说明书信息透明度的两个代理变量 $AQ1$ 和 $AQ2$ 的系数均显著为负，而列（3）和列（4）中的系数均不显著。该结果证明，当科创板上市公司融资规模较高时，招股说明书信息透明度对价格发现效率的影响更为显著，原因可能在于融资规模越大，越易受到市场关注，同时边际信息披露成本较低，因而有助于提升价格发现效率。反之，当融资规模较小，相对关注度降低，边际信息披露成本也会增加，可能会影响价格发现效率。

表 5-5 IPO 融资规模分组回归

变量	高融资规模		低融资规模	
	（1）	（2）	（3）	（4）
AQ1	-11.462** (-1.969)		-11.203 (-1.421)	
AQ2		-13.351** (-1.963)		-6.201 (-0.720)
aq1	-52.189 (-1.318)		-53.407 (-1.366)	
aq2		-59.974 (-1.354)		-33.327 (-0.755)
Size	0.067 (0.393)	0.067 (0.395)	-0.424 (-1.409)	-0.430 (-1.428)
Lev	-2.175*** (-2.814)	-2.115*** (-2.726)	-0.389 (-0.394)	-0.337 (-0.343)
Roa	-2.591 (-1.388)	-2.550 (-1.387)	-1.059 (-0.329)	-1.111 (-0.342)
Age	0.498 (1.189)	0.480 (1.118)	0.373 (0.888)	0.347 (0.814)
Lott	-27.811*** (-5.049)	-27.675*** (-5.061)	7.133 (0.613)	7.027 (0.598)
UW	0.051 (0.194)	0.038 (0.143)	-0.269 (-0.994)	-0.261 (-0.949)

续表

变量	高融资规模		低融资规模	
	(1)	(2)	(3)	(4)
Mkm	-0.535 (-1.477)	-0.549 (-1.508)	0.063 (0.096)	0.066 (0.099)
_cons	-1.679 (-0.464)	-1.724 (-0.473)	5.041 (0.798)	5.387 (0.850)
Ind	Yes	Yes	Yes	Yes
N	153	153	153	153
F	3.966	4.034	1.184	1.069
Adj. R^2	0.143	0.146	0.024	0.033

2. IPO 中签率

IPO 中签率分组回归，如表 5-6 所示。列（1）和列（2）是高中签率组的回归结果，招股说明书信息透明度的两个代理变量 $AQ1$ 和 $AQ2$ 的系数均显著为负，而列（3）和列（4）中的系数均不显著。这说明，中签率较高时，受到市场的关注度也会增加，外部监督作用会有所增强，招股说明书中的信息能够及时反映到股票价格中，进而提高价格发现效率。反之，该作用则减弱。

表 5-6　　　　　　　　IPO 中签率分组回归

变量	高中签率		低中签率	
	(1)	(2)	(3)	(4)
AQ1	-2.879** (-2.344)		-7.362 (-0.977)	
AQ2		-9.598** (-2.057)		-9.598 (-1.057)
aq1	-14.172 (-0.341)		-34.560 (-0.967)	
aq2		-39.228 (-0.866)		-39.228 (-0.866)

续表

变量	高中签率		低中签率	
	(1)	(2)	(3)	(4)
$Size$	-0.516** (-2.495)	-0.493** (-2.364)	-0.265 (-0.899)	-0.493** (-2.364)
Lev	-0.581 (-0.674)	-0.567 (-0.659)	-1.120 (-1.297)	-0.567 (-0.659)
Roa	-4.412* (-1.910)	-4.424** (-2.011)	-1.978 (-0.831)	-4.424** (-2.011)
Age	1.183*** (2.733)	1.235*** (2.853)	-0.304 (-0.735)	1.235*** (2.853)
$IPOsize$	0.424* (1.675)	0.379 (1.490)	0.593** (2.124)	0.379 (1.490)
UW	-0.009 (-0.037)	0.005 (0.019)	0.080 (0.319)	0.005 (0.019)
Mkm	0.576** (2.194)	0.520* (1.930)	-1.295*** (-3.930)	0.520* (1.930)
$\_cons$	0.917 (0.277)	0.621 (0.187)	-0.297 (-0.063)	0.621 (0.187)
Ind	Yes	Yes	Yes	Yes
N	153	153	152	153
F	3.642	4.198	4.233	4.198
$Adj. R^2$	0.103	0.111	0.097	0.111

5.3.4 稳健性检验

1. 回归方法替换

为保证结果的稳健性，笔者对因变量采用了中位数回归的方法，不同于普通最小二乘法（OLS）的均值回归，中位数回归可适当缓解变量中异常值的影响。中位数回归结果如表 5-7 所示。列（1）、列（2）是采用 $AQ1$ 及

其平方项 $aq1$ 作为主要解释变量对价格发现效率（$Peff$）的回归结果，列（3）、列（4）是采用 $AQ2$ 及其平方项 $aq2$ 作为主要解释变量对价格发现效率（$Peff$）的回归结果。

结果显示，招股说明书信息透明度的代理变量 $AQ1$ 和 $AQ2$ 的系数仍然显著为负，进一步证明了研究结果的准确性，即招股说明书透明度会显著提升价格发现效率，充分验证了本章的研究假设。

表 5-7　　　　　　　　　　　中位数回归

变量	(1) $Peff$	(2) $Peff$	(3) $Peff$	(4) $Peff$
$AQ1$	-10.235* (-1.729)	-9.865* (-1.822)		
$AQ2$			-11.322 (-1.359)	-10.681* (-1.694)
$aq1$	-53.175 (-1.365)	-51.937 (-1.553)		
$aq2$			-60.772 (-1.474)	-58.085 (-1.614)
$Size$	-0.548** (-2.245)	-0.517** (-2.387)	-0.471** (-2.003)	-0.562** (-2.586)
Lev	-0.877 (-1.010)	-0.613 (-0.769)	-0.878 (-1.020)	-0.598 (-0.728)
Roa	-3.084 (-1.362)	-2.259 (-1.217)	-1.962 (-0.880)	-2.393 (-1.227)
Age	0.467 (1.177)	0.504 (1.466)	0.371 (0.956)	0.661* (1.882)
$IPOsize$	0.920*** (3.833)	0.934*** (4.283)	0.817*** (3.451)	0.914*** (4.107)
$Lott$	-23.539*** (-3.764)	-26.618*** (-4.997)	-24.550*** (-3.944)	-25.487*** (-4.531)
UW	-0.111 (-0.440)	0.042 (0.194)	-0.092 (-0.366)	-0.060 (-0.272)

续表

变量	(1) Peff	(2) Peff	(3) Peff	(4) Peff
Mkm	-0.457 (-1.337)	-0.680** (-2.224)	-0.510 (-1.403)	-0.696** (-2.074)
_cons	-0.054 (-0.013)	-0.625 (-0.173)	-0.257 (-0.066)	0.041 (0.012)
Ind	No	Yes	No	Yes
N	305	305	305	305
Pseudo R^2	0.1107	0.1202	0.1106	0.1203

2. 替换解释变量

为进一步提高本书结论的稳健性，笔者采用替换解释变量的方法对主回归进行检验，采用可操纵性应计算得的盈余管理来衡量公司信息透明度，以替换招股说明书信息透明度。具体指标的计算：选取招股说明书中2019—2021年会计数据为样本，用所得可操纵性应计算得的盈余管理来衡量公司信息透明度，该指标越接近于零，表示盈余管理程度越低。为更好地反映公司信息透明度，对该值取绝对值，分别得到 $AQ1$ 和 $AQ2$，此值越大表示公司信息透明度越低。为使其正向反映公司信息透明度，选取指标相反数，此时指标越大代表公司信息透明度越高。如表5-8所示，替换两个解释变量后，变量 $AQ1$ 和 $AQ2$ 均与股价同步性指标显著负相关，表明股价同步性指标越大，则公司特质信息越少，价格发现效率越低。这一结论再次证实了招股说明书信息透明度能够显著提升价格发现效率。

表5-8　　　　　　　替换解释变量回归

变量	(1) Peff	(2) Peff	(3) Peff	(4) Peff
AQ1	-8.457*** (-4.669)	-8.783*** (-4.704)		
AQ2			-8.624*** (-4.842)	-8.528*** (-4.823)

续表

变量	(1) Peff	(2) Peff	(3) Peff	(4) Peff
aq1	-47.753 (-1.604)	-48.503 (-1.454)		
aq2			-40.423 (-1.377)	-41.156 (-1.388)
Size	-0.565*** (-2.897)	-0.478*** (-2.745)	-0.414*** (-2.853)	-0.407*** (-2.752)
Lev	-1.412* (-1.846)	-1.246** (-1.990)	-1.153* (-1.875)	-1.175* (-1.945)
Roa	-3.648*** (-2.785)	-3.452*** (-2.663)	-3.520*** (-2.896)	-3.478*** (-2.756)
Age	0.486 (1.413)	0.346 (1.201)	0.452 (1.431)	0.146 (1.246)
IPOsize	0.823*** (4.905)	0.815*** (4.845)	0.806*** (4.796)	0.798*** (4.563)
Lott	-17.898*** (-4.426)	-19.523*** (-4.685)	-17.923*** (-4.231)	-19.435*** (-4.465)
UW	-0.098 (-0.564)	-0.097 (-0.542)	-0.099 (-0.564)	-0.097 (-0.536)
Mkm	-0.456* (-1.676)	-0.523* (-1.876)	-0.463* (-1.665)	-0.542* (-1.896)
_cons	-1.748 (-0.578)	-1.756 (-0.623)	-1.613 (-0.671)	-1.646 (-0.663)
Ind	No	Yes	No	Yes
N	305	305	305	305
Adj. R^2	0.095	0.093	0.097	0.091

3. 工具变量法

为避免产生样本选择偏差和反向因果问题，选取同行业其他企业的信息透明度均值作为工具变量。表5-9分别报告了 AQ1 和 AQ2 的回归结果，AQ1 和 AQ2 的估计系数分别达到 -5.429 和 -4.253，且均通过1%显著性水平的统计检验,表明研究结论具有较好的稳健性。在工具变量有效性检验方面,KP-LM 统计量的检验概率值为 0,显著拒绝"工具变量识别不足"的原假设;同时,KP-Wald F 统计量分别为 343.10 和 563.67,排除了弱工具变量的可能性。

表 5-9 采用工具变量法的回归

变量	第一阶段 P_{eff}	第二阶段 P_{eff}	第一阶段 P_{eff}	第二阶段 P_{eff}
AQ1		-5.429*** (-6.369)		
Mean_AQ1	-6.344*** (-9.503)			
AQ2				-4.253*** (-4.487)
Mean_AQ2			-5.237*** (-7.412)	
_cons	-1.143*** (-5.487)	5.099*** (-4.248)	-0.567*** (-7.154)	-4.857*** (-10.102)
KP-LM		80.328*** (0.00)		53.263*** (0.00)
KP-Wald F		343.10		563.67
N	285	285	279	279
Adj. R^2	0.094	0.117	0.097	0.126

4. 倾向得分匹配法

为了缓解样本选择偏差问题,对样本数据的处理采用了倾向得分匹配法(PSM)。参考已有研究的做法,对样本进行重新处理。将控制变量作为协变量,结果变量为股价同步性,接着采用 1:1 近邻匹配法进行样本配对,之后对模型进行了重新估计。表 5-10 呈现的回归结果显示,在 1% 的显著性水平下,AQ1 与 AQ2 均表现出显著的负向影响效应,进一步证实了前文研究结论的稳健性。

表 5-10　　采用 PSM 法的回归

变量	(1) P_{eff}	(2) P_{eff}
$AQ1$	-6.546*** (-5.711)	
$AQ2$		-5.831*** (-3.508)
$aq1$	-28.478 (-1.454)	
$aq2$		-25.165 (-1.223)
$Size$	-0.463*** (-2.895)	-0.489*** (-2.763)
Lev	-1.246*** (-2.864)	-1.336*** (-2.764)
Roa	-3.532*** (-2.745)	-1.175** (-1.964)
Age	0.352 (1.246)	-3.478*** (-2.803)
$IPOsize$	0.865*** (4.843)	0.163 (1.645)
$Lott$	-19.523*** (-4.735)	-18.768*** (-4.651)
UW	-19.478*** (-4.942)	-18.425*** (-4.465)
Mkm	-0.523* (-1.848)	-0.094 (-0.645)
$\_cons$	-5.157*** (-3.399)	-4.451*** (-4.945)
Ind	Yes	Yes
N	242	245
Adj. R^2	0.127	0.114

5.4 本章小结

注册制改革背景下，招股说明书信息透明度对资本市场功能的影响十分重要。尽管科创板已历经几年的发展，但所披露的招股说明书质量还有待进一步提高，监管机构及市场各方对提高科创板招股说明书信息披露质量有更高的期待。为此，本部分运用文本分析方法来衡量招股说明书信息透明度，通过文本长度和句读含词量来考察问询前后招股说明书文本特征的变化，以反映招股说明书的质量，研究招股说明书信息透明度对价格发现效率的影响。

研究发现，招股说明书信息透明度越高，对科创板价格发现效率的提升越有帮助。在以 IPO 融资规模、IPO 中签率为分类进行机制分析时发现，在 IPO 融资规模的分类下，招股说明书信息透明度指标对价格发现效率指标的作用影响也存在显著异质性，在 IPO 融资规模比较大的分组中，招股说明书信息透明度指标对价格发现效率指标的作用更加明显，这说明 IPO 的规模越大，参与者就越多，有更多的参与者通过招股说明书的信息提升价格发现效率；在 IPO 规模较小的公司，该机制就不明显。在 IPO 中签率的分组比较中，也得到同样的结论，其原因类似。为了验证该结论的稳健性，笔者对同样的数据进行中位数回归，结果进一步证实招股说明书信息透明度指标对价格发现效率指标有明显的反向作用，替换解释变量进行稳健性检验结论相同。这说明，在注册制背景下，证监会出台的有关招股说明书信息披露的规定较为有效，至少在资本市场的价格发现功能方面是非常有效的。同时也可以看出，进一步加强招股说明书信息披露，提高披露质量，对科创板价格发现效率有显著提升作用。基于此结论，笔者提出的政策建议如下：

首先，监管机构要强化对发行人和中介机构的监督，在发行上市环节落实以信息披露为中心的监管要求，加强对信息披露每个环节的监督，确保信息高质量披露。

其次，进一步明确中介机构的职责，促使发行人和中介机构归位尽责，不断提升发行人和中介机构对注册制改革理念的理解和重视，提高执行力。

最后，发行人及其聘请的中介机构要高度重视对招股说明书文件的撰写和编制，坚持透明、公开的原则，真实反映公司的信息。同时，对监管部门提出的审核问询要求，要做到及时补充和完善。

第 6 章
注册制下业绩预告信息透明度对价格发现效率的影响

在我国资本市场中,业绩预告是信息披露制度的重要组成部分。上交所对科创板业绩预告有明确规定。业绩预告是上市公司预计季度、半年度、年度经营业绩出现严重偏差时的一种信息公开方式,而信息是影响价格的因素。本章围绕科创板上市公司业绩预告这种信息释放方式,探索注册制下业绩预告信息透明度对价格发现效率的影响。

6.1 理论分析与研究假设

现有文献中,对业绩预告的经济后果研究无外乎资本成本、信息披露质量、市场反应等方面。当管理层采取保守或一致预告策略时,公司隐含资本成本显著低于其采取乐观预告策略时,且此关系对国企与非国企子样本皆成立,说明公司管理层的乐观预告策略受到了市场的惩罚(董南雁等,2017)。进一步地,上市公司业绩预告的自愿披露与业绩预告质量显著相关。相对于强制披露,自愿披露业绩预告的精确度、准确度和及时性都显著提高,且自愿披露的信息关注度也更高,能够受到更多分析师的跟踪,这些都说明自愿披露的业绩预告能显著提高信息质量并得到分析师市场的认可(韩传模等,2012)。但自媒体信息披露的质量值得考究,并且在特定的情况下,自媒体信息披露会为管理层提供掩饰便利,从而导致业绩预告质量的降低(黄宏斌等,2022)。

随着注册制的实施,问询成为监管的一种常态。交易所年报问询函会降低收函企业的业绩预告偏差;相比于国有收函公司,非国有收函公司降低其业绩预告偏差更为显著;不同披露类型的业绩预告带来的治理效应存在差异,发布强制性业绩预告的收函公司降低业绩预告偏差更为显著(夏一丹等,2020)。相比于未被问询的公司,被问询公司收到年报问询函后业绩预告积极性提高,预测精确度增加;当被问询公司涉及的问询问题越多,问询函回复的也就越详细;当法律风险较高或外部监督较强时,上述效果越为明显(李晓溪等,2019)。异质信息减弱了股价同步性,而信息不确定性增强了股价同步性,两者对股价同步性方向相反的作用,使衡量预测差异的传统指标对股价同步性的影响不明确(黄宇虹,2013)。

从市场反应来看,业绩预告既可因带来市场压力而诱发企业短视行为(市场压力假说),也可通过发挥治理功能促进企业长远发展(公司治理假说)。业绩预告的披露显著促进企业创新,支持了公司治理假说;该效应在信息风险高、监督需求大的公司中更为明显,验证了业绩预告发挥正面效应的制度逻辑(杨道广等,2020)。上市公司业绩预告对行业内其他公司的市场反应具有显著解释力,表明我国资本市场业绩预告存在信息外溢现象。公司间会计信息可比性越高,外溢效应越显著,表明会计信息可比性促进了公司间的信息传递,对投资者股票交易具有决策参考意义(李青原等,2020)。

从盈利预测的角度讲,分析师盈利预测比其他统计指标更能准确反映公司的基本面信息(岳衡等,2008),分析师盈利预测包含的信息能够更好地反映在市场定价中,主要表现在分析师盈利预测报告发布之后,时间窗口内股价和成交量具有显著的变化(Givoly et al.,1979;黄宇虹,2013)。另外,盈余预测修正和投资评级修正能够有效克服分析师独立性较差导致的盈利预测的过度乐观偏差(曹胜等,2011;许年行等,2012;赵良玉等,2013),分析师调整盈利预测和评级的行为最具有信息含量,基于这些信息构建的套利组合,能够获得显著的超额收益。从分析师群体来看,如果披露的盈余公告具有新的信息,则领先调整盈利预测行为的分析师会引发其他分析师跟随（肖萌，2013）。

因此，从投资者的角度来讲，分析师盈余预测与上市公司业绩预告相比，更能全面体现公司业绩的基本面，更有利于投资者作出投资决策，其主要原因在于分析师盈余预测更加客观，能够更加真实地对上市公司盈利状况作出评价，减少盈余预测的误差。总体来讲，不管是上市公司业绩预告，还是分析师盈余预测，都是提前释放公司是否盈利的信息，预测信息误差越小，带来的股价波动就会越小。根据上交所业绩预告披露规则，上市公司预计全年出现亏损、扭亏为盈或者净利润比上一年下降或上涨50%的情况，应该在本年度结束后的1月31日进行业绩预告。由此分析，有理由预计业绩预告误差会影响价格发现效率。

因此，笔者提出本章第一个研究假设H1：业绩预告误差越大，价格发现效率则越低。

业绩预告是在财务报告披露前发布的对公司报告期或未来业绩预计的公告，在一定程度上提前释放了企业信息，对缓释财报公布前后的市场风险具有较好的作用，有利于资本市场的稳定发展。业绩预告制度旨在提前陆续释放业绩大幅变动的信息，避免集中发布时所形成的金融风险，减少内部信息的存在，以提升上市公司信息透明度。业绩预告对股价的整体影响是负向的，市场上各类业绩预告的信息会影响投资者对企业经营好坏的判断，进而反映在股价上，提高资产误定价程度。

据此，笔者提出本章第二个研究假设H2：业绩预告误差会通过提高资产误定价的程度，引致价格发现效率的降低。

6.2 研究设计

6.2.1 模型设定

为检验业绩预告信息透明度对价格发现效率的影响（假设H1），构建模型,见式(6-1)。

$$Peff_{i,t} = \alpha_0 + \alpha_1 PFT_{i,t} + \alpha_2 \sum Controls_{i,t} + \sum Ind + \sum Year + \varepsilon_{i,t} \tag{6-1}$$

式(6-1)中,$Peff$ 为价格发现效率,PFT 是业绩预告信息透明度,$Controls$ 为控制变量,Ind 和 $Year$ 分别是行业、年度虚拟变量,$\varepsilon_{i,t}$ 是误差项。

6.2.2 变量选择

1. 被解释变量

价格发现效率($Peff$)。衡量价格发现效率的方法主要有定价误差、价格拟合度、价格同步性、委托单不平衡以及波动性等。但不同阶段信息透明度对价格发现效率的影响机制不一样,不具有对称性。

价格发现效率主要指价格对信息的反应速度,即资产价格是否能及时而准确地吸收新的市场信息。Hou 和 Moskowitz(2005)提出,利用资产价格对市场信息的调整速度的相对效率来衡量定价效率,并构建价格滞后指标,得到学者们的广泛运用(Saffi et al.,2011;Boehmer et al.,2013;李志生等,2015)。由于信息传播速度、投资者对信息反应的差异等原因,股价通常不能及时充分地反映市场信息,而是存在滞后效应。借鉴 Hou 和 Moskowitz(2005)的方法,构建模型,见式(6-2)。

$$RET_{i,t} = \alpha_0 + \beta_i \times RET_{m,t} + \sum_{n=1}^{4} \gamma_{i,n} \times RET_{m,t-n} + \varepsilon_{i,t} \tag{6-2}$$

式(6-2)中,$RET_{i,t}$ 表示时间 t 时股票 i 的收益率,$RET_{m,t}$ 表示时间 t 时的综合市场收益率,$RET_{m,t-n}$ 表示滞后 n 期的市场收益率,$\varepsilon_{i,t}$ 为随机误差项。

首先,对式(6-2)进行估计,得到原始模型的回归拟合优度 R^2,然后令滞后市场收益率的系数为零,对回归方程进行估计,得到限制模型的回归拟合优度 R'^2。基于上述计算结果,可以得到一个滞后反应指标 $Delay1$,具体见式(6-3)。

$$Delay1_i = 1 - \frac{R'^2_i}{R^2_i} \tag{6-3}$$

与 F 检验类似,尽管这种方法捕捉了单个资产收益率中由滞后市场收益率所解释的比例,但考虑我国同涨同跌现象严重(Morck et al.,2000;许年行等,2011;李志升等,2015),采用回归方程能够揭示变量的参数大小,用来衡量单个资产收益率对滞后市场收益的依赖程度,得到第二个滞后反应指标 $Delay2$,见式(6-4)。

$$Delay2_i = \frac{\sum_{n=1}^{4}|\gamma_{i,n}|}{|\beta_i| + \sum_{n=1}^{4}|\gamma_{i,n}|} \tag{6-4}$$

该指标捕获了式(6-2)中滞后市场收益率的回归系数在所有回归系数中的比重,取值越小,表示定价效率越高。鉴于指标测度的有效性,参考 Boehmer 和 Wu(2013)的方法,将每只股票的周收益率对当周综合市场收益率及滞后四周综合市场收益率按年进行回归,最后得到公司年度观测值($Delay$),作为价格发现效率的测度指标,该指标是价格发现效率的逆指标,即 $Dealy$ 越大,说明价格发现效率越低。

2. 核心解释变量

业绩预告信息透明度(PFT)。使用以往文献大多采用的业绩预告准确性和精确性来反映披露质量,其中准确性衡量的是业绩预告的实质准确性,精确性衡量的是业绩预告的形式精确性(王浩等,2015;刘柏等,2018)。但考虑到科创板上市公司时间较短,本书主要关注业绩预告信息透明度对价格发现效率的影响,同时根据科创板上市公司数据的可得性,采用是否发布业绩预告以及业绩预告的准确性来测度,在稳健性检验部分运用业绩预告精度进行分析[①]。具体定义如下:

(1)是否发布业绩预告($Issue$)。发布业绩预告,$Issue$ 取值为1,否则为0。

(2)业绩预告准确性(FE)。借鉴 Baik 等(2011)衡量业绩预告准确

---

① 业绩预告精度在稳健性检验部分予以定义。

性的方法，由于我国业绩预告通常是预测净利润而非每股收益，对于没有预告每股收益的样本，把净利润换算成每股收益，然后与实际每股收益进行比较，即每股收益预测值与实际值差值的绝对值乘以100，业绩预告准确性的数值越大，表明预告误差越大。

3. 控制变量

为控制其他变量的影响，参考已有文献的做法（刘柏等，2018；夏一丹等，2020；杨道广等，2020；李哲等，2021），控制了其他变量，变量定义如表6-1所示。

表6-1　　　　　　　　　变量定义

变量名称	变量符号	变量定义
价格发现效率	$Peff$	以式（6-3）进行度量
是否发布业绩预告	$Issue$	公司至少发布一次年度业绩预告，$Issue$ 取值为1，否则为0
业绩预告准确性	$Forecast\_error$	业绩预告准确性
公司规模	$Size$	总资产的自然对数
市账比	BM	所有者权益账面价值÷公司市值
换手率	$Turnover$	某一段时间内的成交量÷发行总股数×100%
资产负债率	Lev	负债÷总资产
净资产收益率	ROE	净利润÷平均所有者权益
总资产周转率	TAT	营业收入÷平均总资产
成长性	$Grow$	营业收入增长率
股权集中	$Top1$	第一大股东持股数÷总股数
机构投资者持股比例	$Inst$	企业机构投资者持股比例
股票流动性	$Aliq$	参考 Amihud（2002）股票流动性的方法进行测算

6.2.3　样本与数据

以2019—2021年所有科创板上市公司为研究样本，对样本数据进行如下筛选和处理：

(1) 剔除财务报表中相关数据缺失的样本。

(2) 剔除数据异常的样本。经过以上数据筛选与调整,共有 482 个样本观测值。数据主要来源于 CSMAR 数据库和 Wind 数据库。

6.3 结果与分析

6.3.1 变量描述性统计

如表 6-2 所示,价格发现效率($Peff$)的均值和中位数分别为 0.155 和 0.128。发布业绩预告的样本总体偏少,因为 $Issue$ 仅在 3/4 分位数才出现 1,进一步分析发现,有 310 个样本发布了业绩预告。

业绩预告准确性($Forecast\_error$)的均值和中位数分别为 0.679 和 0.332。

表 6-2 变量描述性统计

变量	观测值	均值	最小值	1/4 分位数	中位数	3/4 分位数	最大值	标准差
$Peff$	482	0.155	0.000	0.063	0.128	0.226	0.377	0.114
$Issue$	482	0.475	0.000	0.000	0.000	1.000	1.000	0.500
$Forecast\_error$	292	0.679	0.006	0.112	0.332	0.912	2.370	0.762
$Size$	482	21.031	19.253	20.422	20.932	21.535	24.322	0.952
Lev	482	0.232	0.030	0.110	0.199	0.314	0.692	0.155
ROE	482	0.105	-0.378	0.066	0.102	0.150	0.568	0.110
TAT	482	0.500	0.024	0.323	0.454	0.624	1.720	0.279
$Grow$	482	0.427	-0.480	0.066	0.246	0.439	9.455	1.113
$Top1$	482	0.312	0.101	0.209	0.280	0.398	0.719	0.136
$Inst$	482	0.288	0.005	0.089	0.256	0.459	0.746	0.208
BM	482	0.181	0.017	0.091	0.150	0.249	0.532	0.117
$Turnover$	482	2.191	0.346	1.233	1.870	2.943	6.457	1.298
$Aliq$	482	4.072	0.367	1.776	3.177	5.541	14.494	3.072

如表 6-3 所示,业绩预告准确性($Forecast\_error$)与价格发现效率

表 6-3 变量相关性分析

变量	Peff	Forecast_error	Size	Lev	ROE	TAT	Grow	Top1	Inst	BM	Turnover	Aliq
Peff	1	0.036**	-0.187***	-0.108	-0.081	-0.037	-0.242***	0.085	-0.276***	-0.043	-0.332***	-0.051
Forecast_error	0.036*	1	-0.029	0.058	0.013	0.114	-0.102	0.180***	-0.355***	0.312***	-0.014	0.215***
Size	-0.157**	-0.087	1	0.448***	-0.167**	0.006	0.011	-0.076	0.230***	0.208***	-0.001	-0.410***
Lev	-0.083	0.003	0.430***	1	0.100	0.434***	0.109	-0.021	0.012	0.054	0.150**	-0.026
ROE	-0.108	0.087	-0.140**	0.059	1	0.605***	0.516***	0.203***	0.204***	-0.200***	0.199***	-0.101
TAT	-0.090	0.131*	0.045	0.387***	0.592***	1	0.341***	0.185***	0.101	-0.037	0.085	0.029
Grow	-0.100	0.119*	0.003	0.048	0.284***	0.289***	1	-0.088	0.314***	-0.225***	0.285***	-0.206***
Top1	0.095	0.101	0.016	0.050	0.141**	0.210**	-0.004	1	-0.082	0.116*	-0.138**	0.146**
Inst	-0.305***	-0.324***	0.229***	0.003	0.154**	0.082	-0.033	-0.079	1	-0.203***	0.113	-0.168**
BM	-0.084	0.387***	0.166**	0.036	-0.122*	-0.066	-0.148**	0.109	-0.237***	1	0.174**	0.321***
Turnover	-0.355***	0.047	-0.049	0.107	0.219***	0.092	0.160**	-0.107	0.018	0.111	1	0.061
Aliq	-0.128*	0.324***	-0.300***	0.007	-0.091	0.015	-0.169**	0.168**	-0.146**	0.452***	-0.011	1

注:"***""**""*"分别表示在1%、5%和10%的水平上显著,后同。

($Peff$)的相关系数均显著为正。由于业绩预告准确性($Forecast\_error$)与价格发现效率($Peff$)的指标均是逆指标,指标值越大,则信息透明度越低、价格发现效率越低,即业绩预告准确性($Forecast\_error$)越低,$Peff$值也越低,意味着价格发现效率越高。反之,业绩预告准确性越高,则价格发现效率越高,验证了之前的理论分析与研究假设。

同时,笔者对科创板上市公司是否发布业绩预告做了对比分析,结果如表6-4所示。

表6-4　　　　　　　　　业绩预告对比结果

变量	未发布业绩预告组		发布业绩预告组		均值差异	t值
	观测值	均值	观测值	均值		
$Size$	278	21.031	204	21.149	-0.118	-1.334
Lev	278	0.224	204	0.240	-0.016	-1.171
ROE	278	0.109	204	0.119	-0.010	-1.094
TAT	278	0.499	204	0.523	-0.024	-0.905
$Grow$	278	0.210	204	0.635	-0.425***	-5.147
$Top1$	278	0.329	204	0.286	0.042***	3.406
$Inst$	278	0.252	204	0.345	-0.093***	-4.828
BM	278	0.211	204	0.142	0.069***	6.736
$Turnover$	278	2.239	204	2.318	-0.079	-0.667
$Aliq$	278	4.556	204	3.089	1.467***	5.683

由表6-4可知,发布业绩预告与否的差异主要表现在公司成长性、第一大股东持股比例、机构持股比例、账面市值比以及股票流动性指标上。以成长性和机构持股比例为例,发布业绩预告的公司更具成长性,机构持股比例也更高,其他指标均未表现出显著差异。

6.3.2　基准回归

为验证假设H1,本书以式(6-1)为基础进行计量。如表6-5所示,列(1)至列(3)分别是未控制行业和年度、控制行业、控制年度后的回归结果。结果显示，*Issue* 与价格发现效率显著正相关，这说明发布业绩预告的公司的价格发现效率较低。根据上海证券交易所制定的科创板上市公司业绩预告的相关规定，上市公司预计年度经营业绩将出现净利润为负、净利润与上年同期相比上升或下降50%以上、实现扭亏为盈等情况时，应当在会计年度结束之日起1个月内进行业绩预告。这也表明，发布业绩预告的公司，其经营业绩出现了异常现象。

表6-5　　业绩预告信息透明度与价格发现效率的基准回归

变量	(1)	(2)	(3)	(4)	(5)	(6)
Issue	0.029*** (2.750)	0.028*** (2.594)	0.024** (2.332)			
Forecast_error				0.011* (1.764)	0.009* (1.653)	0.011* (1.766)
Size	-0.034*** (-4.533)	-0.033*** (-4.492)	-0.027*** (-3.510)	-0.029*** (-2.611)	-0.028** (-2.417)	0.025** (-2.117)
Lev	0.077* (1.852)	0.075* (1.709)	0.084* (1.924)	0.047 (0.697)	0.050 (0.697)	0.050 (0.696)
ROE	-0.060 (-1.005)	-0.063 (-1.054)	-0.031 (-0.521)	-0.017 (-0.237)	-0.012 (-0.161)	-0.005 (-0.067)
TAT	0.004 (0.161)	0.004 (0.167)	0.007 (0.318)	-0.007 (-0.194)	-0.012 (-0.302)	-0.016 (-0.413)
Grow	-0.009* (-1.701)	-0.008 (-1.510)	-0.006 (-0.879)	-0.007 (-1.188)	-0.008 (-1.336)	-0.006 (-0.917)
Top1	0.048 (1.271)	0.040 (1.055)	0.049 (1.341)	0.084 (1.285)	0.081 (1.210)	0.080 (1.221)
Inst	-0.115*** (-4.341)	-0.115*** (-4.234)	-0.082*** (-2.967)	-0.159*** (-3.711)	-0.153*** (-3.407)	-0.132*** (-2.823)
BM	0.070 (1.342)	0.067 (1.259)	0.051 (0.990)	0.059 (0.568)	0.055 (0.514)	0.040 (0.372)
Turnover	-0.025*** (-6.535)	-0.025*** (-6.532)	-0.025*** (-6.258)	-0.029*** (-5.493)	-0.028*** (-5.201)	-0.027*** (-4.642)

续表

变量	(1)	(2)	(3)	(4)	(5)	(6)
$Aliq$	-0.013***	-0.013***	-0.009***	-0.014***	-0.014***	-0.011***
	(-6.316)	(-6.355)	(-4.082)	(-3.739)	(-3.549)	(-2.645)
_cons	0.958***	0.955***	0.810***	0.924***	0.909***	0.863***
	(6.324)	(6.233)	(5.219)	(4.077)	(3.851)	(3.641)
Ind	No	Yes	Yes	No	Yes	Yes
Year	No	No	Yes	No	No	Yes
N	482	482	482	292	292	292
F	11.929	8.540	9.650	7.594	5.427	5.820
Adj. R^2	0.190	0.186	0.228	0.253	0.241	0.250

从表 6-5 列（4）至列（6）的 $Forecast\_error$ 结果来看，该指标与价格发现效率均显著为负，说明 $Forecast\_error$ 越大，$Delay1$ 越大，表明业绩预告误差越大，则价格发现效率越低，验证了本章的研究假设和理论预期，即科创板上市公司业绩预告误差会降低价格发现效率。同样，业绩预告的准确性越低，则价格发现效率也越低。这从一个层面验证了业绩预告信息透明度确实会影响价格发现效率。

具体而言，科创板上市公司发布业绩预告，意味着公司的业绩满足了发布业绩预告的条件，即公司业绩具有重大变化，不利于资本市场定价效率的提高。同理，当公司发布业绩预告，且业绩预告的准确性较低时，会降低资本市场的定价效率。

6.3.3 机制检验

为验证假设 H2，采用资产误定价（$Deviation$）作为中介效应来进行机制检验，资产误定价的测度借鉴前人的做法（游家兴等，2012；张肖飞，2018）。采用中介效应的三步分析法进行验证，结果如表 6-6 所示，该表主要列示了后两步的结果。

如表 6-6 所示，列（2）和列（4）中的 $Issue$、$Forecast\_error$ 变量对价

格发现效率均显著。同时，笔者做了 Sobel 检验，Z 值分别为 2.167 和 3.132，均通过了 Sobel 检验，证实了该中介效应的存在。由列（1）和列（3）的结果来看，$Issue$、$Forecast\_error$ 对中介变量的影响均显著为正。因此，科创板上市公司发布业绩预告以及业绩预告的误差均会导致资产误定价增加，进而降低价格发现效率，不利于资本市场资源配置功能的发挥。

表 6-6　　　　　　　　　　机制检验

变量	(1)	(2)	(3)	(4)
	$Deviation$	$Delay1$	$Deviation$	$Delay1$
$Issue$	0.055* (1.877)	0.024** (2.318)		
$Forecast\_error$			0.100* (2.005)	0.011* (1.756)
$Deviation$		0.003 (0.489)		0.014 (1.438)
$Size$	-0.081** (-2.013)	-0.026*** (-3.476)	-0.064 (-1.139)	-0.024** (-2.069)
Lev	0.163 (0.640)	0.084* (1.924)	0.026 (0.077)	0.054 (0.761)
ROE	-0.034 (-0.116)	-0.031 (-0.518)	-0.281 (-0.713)	0.000 (0.003)
TAT	-0.113 (-0.957)	0.008 (0.331)	-0.012 (-0.069)	-0.017 (-0.446)
$Grow$	-0.021 (-0.937)	-0.005 (-0.864)	-0.031 (-1.324)	-0.005 (-0.839)
$Top1$	0.207 (0.981)	0.048 (1.322)	0.388 (1.276)	0.074 (1.133)
$Inst$	-0.268* (-1.871)	-0.081*** (-2.930)	-0.423** (-2.157)	-0.128*** (-2.709)
BM	1.776*** (4.732)	0.045 (0.852)	0.646 (1.050)	0.034 (0.312)

续表

变量	(1) Deviation	(2) Delay1	(3) Deviation	(4) Delay1
$Turnover$	-0.033 (-1.375)	-0.025*** (-6.244)	0.007 (0.220)	-0.027*** (-4.703)
$Aliq$	0.020 (1.019)	-0.009*** (-4.089)	0.033 (0.974)	-0.012*** (-2.698)
$\_cons$	1.793** (2.188)	0.805*** (5.179)	1.552 (1.406)	0.847*** (3.580)
Ind	Yes	Yes	Yes	Yes
$Year$	Yes	Yes	Yes	Yes
N	482	482	292	292
F	5.649	9.156	2.198	5.550
$Adj. R^2$	0.201	0.226	0.130	0.251

6.3.4 稳健性检验

1. 解决遗漏变量

在经济管理领域中，研究面临的主要内生性问题就是遗漏变量问题。因此，笔者采用文献中通用的做法，用固定效应模型进行检验，可以在一定程度上缓解遗漏变量误差。业绩预告信息透明度对价格发现效率影响的面板回归结果，如表6-7所示。

表6-7　业绩预告信息透明度对价格发现效率影响的面板回归结果

变量	(1)	(2)	(3)	(4)
$Issue$	0.026* (1.682)	0.020** (2.346)		
$Forecast\_error$			0.034* (1.668)	0.041* (1.933)
$Size$	-0.031 (-1.564)	0.036 (1.646)	-0.022 (-1.122)	0.019 (0.714)

续表

变量	(1)	(2)	(3)	(4)
Lev	-0.247** (-2.127)	0.013 (0.107)	0.078 (0.401)	0.370 (1.579)
ROE	0.019 (0.096)	-0.010 (-0.054)	0.334 (0.842)	0.451 (1.223)
TAT	-0.169 (-1.488)	-0.015 (-0.125)	-0.522* (-1.897)	-0.554* (-1.830)
$Grow$	-0.001 (-0.114)	-0.007 (-0.732)	0.033 (1.613)	0.037 (1.517)
$Top1$	0.578 (0.935)	0.021 (0.045)	1.427 (1.601)	0.236 (0.296)
$Inst$	-0.070 (-1.492)	-0.018 (-0.401)	-0.104 (-1.083)	-0.071 (-0.721)
BM	-0.202** (-2.404)	-0.156* (-1.794)	-0.213 (-0.849)	-0.223 (-0.803)
$Turnover$	-0.022*** (-3.081)	-0.032*** (-4.116)	-0.043*** (-3.251)	-0.063*** (-3.504)
$Aliq$	-0.022*** (-4.628)	-0.015*** (-3.163)	-0.008 (-0.544)	0.003 (0.202)
$\_cons$	0.948** (2.067)	-0.366 (-0.739)	0.594 (1.171)	0.028 (0.048)
Year	No	Yes	No	Yes
N	482	482	292	292
F	19.224	19.129	7.131	9.526
$Adj.\ R^2$	0.436	0.502	0.393	0.484

表6-7显示，发布业绩预告、业绩预告准确性的系数均显著为正，与表6-5的结果类似，这进一步验证了研究结果的准确性。

2. 解决测度误差

为解决测度误差问题，采用业绩预告精确度（$Precision$）作为业绩预告透明度的替代变量进行分析。具体而言，我国业绩预告的披露形式一般有四种：定性、开区间、闭区间和点值。① 由于以定性与开区间形式披露的业绩预告很模糊,本书仅考虑相对精确的闭区间形式(包括点值预测)。用 $Precision$ 表示业绩预告的精确性,定义为业绩预告区间的大小。$Precision$ 数值越小,业绩预告区间越窄,精确性越高。业绩预告精确性的计算公式如下:

$$Precision = (业绩预告区间上限 - 业绩预告区间下限) \div |上下限均值| \tag{6-5}$$

回归结果如表 6-8 的列(1)至列(3)所示。$Precision$ 的系数均显著为正,表明值越大,$Delay1$ 值越大,即预测精度越低,价格发现效率也越低,与前文理论预期基本一致。这进一步证实在发布业绩预告组,如果发布业绩预告的精度越低,越有碍价格发现效率的提升。

表 6-8 的列(4)和列(5)进一步检验了资产误定价在业绩预告精确性对价格发现效率影响中所发挥的中介作用,$Precision$ 值越大,表明业绩预告精度越低,资产误定价程度越高。Sobel 检验的 Z 值为 2.165,进一步验证了该中介效应的存在。

表 6-8 替换解释变量回归

变量	(1) $Peff$	(2) $Peff$	(3) $Peff$	(4) $Deviation$	(5) $Peff$
$Precision$	0.009* (2.087)	0.018*** (3.175)	0.014*** (3.239)	1.156** (2.019)	0.001* (2.007)
$Deviation$					0.014 (1.437)
$Size$	-0.030*** (-2.636)	-0.029** (-2.465)	-0.025** (-2.168)	-0.074 (-1.307)	-0.025** (-2.105)

---

① 业绩预告数据中一般包含区间预测和百分比预测,对于区间预测,如"本年将实现净利润 200 万~500 万元",取上下限的均值;对于百分比预测,如"净利润相比上年增长 20%~60%",同样取上下限的均值,然后根据上一年的净利润,得到当年净利润的预测值;对于开区间预测,由于只有上限(如"不超过 50%")或只有下限(如"增长 50% 以上"),我们直接用该数值乘上一年净利润进行换算。最后,少数公司的业绩预告使用的是"归属于母公司所有者的净利润"和"预告母公司净利幅度",对于这种情况,首先换算成归属于母公司所有者的每股收益预测值,然后与年报中归属于母公司所有者的每股收益进行比较。

续表

变量	(1) Peff	(2) Peff	(3) Peff	(4) Deviation	(5) Peff
Lev	0.050 (0.745)	0.052 (0.734)	0.052 (0.735)	0.070 (0.214)	0.056 (0.791)
ROE	-0.021 (-0.284)	-0.014 (-0.184)	-0.008 (-0.105)	-0.172 (-0.464)	-0.004 (-0.053)
TAT	-0.009 (-0.263)	-0.014 (-0.367)	-0.019 (-0.486)	-0.021 (-0.127)	-0.019 (-0.512)
Grow	-0.008 (-1.317)	-0.009 (-1.421)	-0.007 (-1.019)	-0.034 (-1.481)	-0.006 (-0.933)
Top1	0.085 (1.303)	0.082 (1.222)	0.081 (1.235)	0.381 (1.318)	0.075 (1.146)
Inst	-0.152*** (-3.813)	-0.146*** (-3.533)	-0.124*** (-2.844)	-0.445** (-2.287)	-0.120*** (-2.720)
BM	0.037 (0.374)	0.039 (0.367)	0.022 (0.210)	0.506 (0.867)	0.018 (0.168)
Turnover	-0.028*** (-5.447)	-0.028*** (-5.191)	-0.027*** (-4.627)	0.010 (0.324)	-0.027*** (-4.694)
Aliq	-0.014*** (-3.879)	-0.014*** (-3.630)	-0.012*** (-2.749)	0.028 (0.870)	-0.012*** (-2.787)
_cons	0.925*** (4.091)	0.913*** (3.889)	0.868*** (3.682)	1.684 (1.541)	0.850*** (3.608)
Ind	No	Yes	Yes	Yes	Yes
Year	No	No	Yes	Yes	Yes
N	292	292	292	292	292
F	8.032	5.735	6.052	2.144	5.723
Adj. R^2	0.251	0.239	0.248	0.146	0.249

3. 替换被解释变量

为增加结果的稳健性，采用个股收益率与市场及行业收益率之间存在相关性的测度方法检验价格发现效率。根据市场有效理论，股票价格反映了公司的基本面信息、行业格局、估值比较和技术面信息。两者相关性越强，表示股价中包含的公司信息越全面,价格发现效率就越高。

用每年每只股票每日收益率与滞后一期的市场收益率之间的相关系数,取其绝对值作为定价效率的代理变量,绝对值越小,表示股票所包含的异质性风险越大,股票定价效率越高。构建模型,见式(6-6)。

$$\rho_{i,t} = Corr(r_{i,t}, r_{m,t-1}) \quad (6-6)$$

式(6-6)中,$\rho_{i,t}$是相关系数,$r_{i,t}$和$r_{m,t-1}$分别表示个股收益率以及滞后一期的市场收益率。价格发现效率($Peff$)则取$\rho_{i,t}$的绝对值。据此再次进行回归,结果如表6-9所示。

表6-9 替换被解释变量回归

变量	(1)	(2)	(3)	(4)	(5)	(6)
Issue	0.029*** (2.750)	0.028*** (2.594)	0.024** (2.332)			
Forecast_error				0.011* (1.764)	0.009* (1.653)	0.011* (1.766)
Size	-0.034*** (-4.533)	-0.033*** (-4.492)	-0.027*** (-3.510)	-0.029*** (-2.611)	-0.028** (-2.417)	-0.025** (-2.117)
Lev	0.077* (1.852)	0.075* (1.709)	0.084* (1.924)	0.047 (0.697)	0.050 (0.697)	0.050 (0.696)
ROE	-0.060 (-1.005)	-0.063 (-1.054)	-0.031 (-0.521)	-0.017 (-0.237)	-0.012 (-0.161)	-0.005 (-0.067)
TAT	0.004 (0.161)	0.004 (0.167)	0.007 (0.318)	-0.007 (-0.194)	-0.012 (-0.302)	-0.016 (-0.413)
Grow	-0.009* (-1.701)	-0.008 (-1.510)	-0.006 (-0.879)	-0.007 (-1.188)	-0.008 (-1.336)	-0.006 (-0.917)
Top1	0.048 (1.271)	0.040 (1.055)	0.049 (1.341)	0.084 (1.285)	0.081 (1.210)	0.080 (1.221)
Inst	-0.115*** (-4.341)	-0.115*** (-4.234)	-0.082*** (-2.967)	-0.159*** (-3.711)	-0.153*** (-3.407)	-0.132*** (-2.823)
BM	0.070 (1.342)	0.067 (1.259)	0.051 (0.990)	0.059 (0.568)	0.055 (0.514)	0.040 (0.372)

续表

变量	(1)	(2)	(3)	(4)	(5)	(6)
$Turnover$	-0.025*** (-6.535)	-0.025*** (-6.532)	-0.025*** (-6.258)	-0.029*** (-5.493)	-0.028*** (-5.201)	-0.027*** (-4.642)
$Aliq$	-0.013*** (-6.316)	-0.013*** (-6.355)	-0.009*** (-4.082)	-0.014*** (-3.739)	-0.014*** (-3.549)	-0.011*** (-2.645)
$\_cons$	0.958*** (6.324)	0.955*** (6.233)	0.810*** (5.219)	0.924*** (4.077)	0.909*** (3.851)	0.863*** (3.641)
Ind	No	Yes	Yes	No	Yes	Yes
Year	No	No	Yes	No	No	Yes
N	482	482	482	292	292	292
F	11.929	8.540	9.650	7.594	5.427	5.820
Adj. R^2	0.190	0.186	0.228	0.253	0.241	0.250

由表6-9可知，$Issue$ 与价格发现效率显著正相关；业绩预告精确性与价格发现效率指标均显著为负，这说明 $Forecast\_error$ 越大，$Delay1$ 越大。换言之，业绩预告误差越大，则价格发现效率越低。

6.4 本章小结

业绩预告指上市公司定期报告发布前，经营业绩有超常情况，达到规定披露的条件而被动发布的业绩预先报告。业绩预告让上市公司提前公布相关信息，释放业绩风险，减少正式报告发布时造成的股票价格大幅波动，也是证监会解决投资者和上市公司之间信息不对称的问题，让投资者更加全面掌握信息，利于投资者进行投资决策的制度，目的是保障投资者的利益。

本章以科创板上市公司为样本，探究了业绩预告透明度与价格发现效率之间的关系。研究发现，业绩预告误差越大，则价格发现效率越低。具体而言，当业绩预告每增加1个单位，价格发现效率指标提升3个百分点左右。为进一步观测两者之间的影响机制，采用资产误定价作为中介变量，从模型计量的结果来看，业绩预告对资产误定价有显著的作用，并通过Sobel检验验证了资产误定价的中介作用。通过机制分析表明，是否发布业绩预告（Issue）、业绩预告精确性（Forecast_error）均会通过增加资产误定价的程度，降低价格发现效率。同样，本书运用固定效应面板模型来解决内生性问题，结果发现两者的关系依然显著。为检验模型的稳健性，笔者采用业绩预告精确度作为替代变量，发现中介效应依然存在，且结果关系依然稳健；替换被解释变量进行稳健性检验后，结果不变，进一步验证了本书的研究结果。以上数据分析都是公司信息透明度能够提高价格发现效率的有效证明。

笔者提出如下政策建议：

首先，上市公司发布的业绩预告必须是合理的预测，需要对公司业绩作出综合评估，如果和实际业绩有重大差异，应当及时披露更正公告。

其次，科创板上市企业相比于主板上市企业，其经营不确定性更大，更需要关注业绩预告精度，避免误导投资者，更重要的是会影响价格发现效率。

最后，由于科创板实行注册制，上市标准大多与净利润无关，即使企业亏损也可上市，研发型企业上市甚至没有营业收入的门槛。因此，利润造假、财报造假似乎没有必要。不过，若企业为了获得投资者和审核人员的好感，或为了抬高发行价格，也不排除有财报造假的可能，尤其是上市之后为了维持上市地位，科创板上市公司也有财报造假动机。对此，监管部门也应提前做好防范应对措施。

| 第 7 章 |

注册制下财务报告透明度对价格发现效率的影响

为落实国家创新驱动发展战略,科创板为高科技创新型企业提供了融资平台,其融资功能的发挥主要取决于科创板的价格发现效率,这也是实现资源配置的有效前提。财务报告相对于其他公开信息来说,可信度更高,与公司的关联性更强,有助于投资者公平地获取企业信息,保证资本市场的公平性。本章研究注册制下财务报告透明度对价格发现效率的影响及作用机制。

7.1 理论分析与研究假设

财务报告是上市公司按照《中华人民共和国公司法》和《中华人民共和国证券法》的相关规定,在每个财务年度结束后,在规定时间内公布详细的、经过会计师事务所审计的报告,是上市公司对外揭示和表述财务信息的综合性书面文件。制定和发布财务报告是上市公司财务和信息披露的一项重要内容。财务报告作为上市公司提供给投资者的一种记录公司经济活动信息的最重要的书面载体,其质量的优劣会直接影响投资者的投资决策。财务报告的质量标准、财务操作程序规范性以及使用者对财务报告的使用需求等多个方面，都会对财务报告质量产生决定性影响。财务信息披露质量能够综合反映出上市公司的治理能力、会计基础和信息披露水平，是影响资本市场功能发挥的核心因素，是上市公司质量的生动表现，更是以信息披露为核心的注册制改革成效的重要体现。本章着重探讨科创板上市公司的财务报告透明度如何作用于价格发现效率，对此问题的探讨一方面有助于探究科创板价格发现效率的影响因素，不仅方便对科创板运行效率的监管，而且能为今后在沪深主板实施注册制改革提供有价值的参考；另一方面有助于深入理解财务报告在资本市场中发挥的作用。

财务报告透明度是财务报告以使用者可以理解的方式反映公司真实经济情况的程度，它一方面取决于财务报告本身反映公司真实经济情况能力的高低，另一方面取决于使用者对财务报告的理解程度（Barth et al., 2008）。财务报告透明度是面向投资者信息传递过程中形成的，高度透明的财务报告可以让投资者全面、真实地了解上市公司过去一段时间的经济状况，减少企业内外部信息不对称，利于投资者作出投资决策。

财务信息披露是上市公司信息披露的重要形式。现有文献对信息披露的研究比较广泛，包括自愿与强制信息披露、企业社会责任报告、管理层分析与讨论（MD&A）、监管问询函等方面。有研究认为，自愿披露内部控制审计报告有助于公司特质信息融入股票价格，提升了资本市场定价效率；强制披露内部控制审计报告并没有增加股价所反映的特质信息，这说明自愿信息披露与强制信息披露对资本市场定价效率的作用效果存在差异（方红星等，2019）。就社会责任报告而言，企业社会责任报告强制披露显著缓解资产误定价程度，具有信息沟通效应（许罡，2020），但当投资者情绪高涨时，企业社会责任报告强制披露则无法缓解资产误定价程度。进一步地，作为上市公司与投资者交流公司经营管理情况最为重要的文本载体——管理层分析与讨论也向外界传递着重要信息。管理层分析与讨论的语言真诚性能够将更多的公司特质信息融入股价，提高资本市场定价效率，这源于更多分析师的跟踪与关注（王运陈等，2020）。此外，财务问询监管也能通过增加公司特质信息披露、提高信息披露质量和信息透明度，提升资本市场定价效率（翟淑萍等，2021）。

在资本市场中,投资者通过价格信息进行分析判断,作出投资决策来达到资源的最优配置(姚畔,2020)。由于我国资本市场仍属于半强势有效市场,资本市场还不成熟,而信息是决定资本市场价格的关键因素,信息不对称影响投资者的决策结果,盲目的投资交易会使股票价格产生较大波动,与其真实内在价值产生较大幅度的偏差,造成资本市场定价效率低下。

基于此,提出本章第一个研究假设 H1:科创板上市公司财务报告透明度能够提升价格发现效率。

分析师作为一种外部监督机制,随着财务报告的披露,财务报告透明度会吸引分析师更加充分和全面地分析和解读上市公司,分析师的专业解读会形成扩散效应,让更多关注分析师建议的投资者获取更有价值的信息,促使价格发现效率的提升。此外,财务报告透明度缓解了信息不对称情况下的代理问题。财务报告透明度高的公司,其筹资成本和效率都会更加优化,也会吸引更多分析师的关注。综上所述,随着财务报告的披露,财务报告透明度越高,越有助于分析师获取信息并深度分析,进而更能吸引分析师关注。分析师对财务报告的深入分析,在一定程度上抑制了信息不对称情况下管理层"中饱私囊"的行为,增加了信息透明度,提升了价格发现效率。由此可见,财务报告透明度会通过吸引分析师的关注,达到提升价格发现效率的目的。

基于此,提出本章第二个研究假设 H2:科创板上市公司财务报告透明度通过吸引分析师关注,进而提升价格发现效率。

7.2　研究设计

7.2.1　模型设定

为检验分析师关注对价格发现效率的影响(假设 H1),构建模型,如式(7-1)所示。

$$Peff_{i,t} = \alpha_0 + \alpha_1 FRT_{i,t} + \alpha_2 \sum Controls_{i,t} + \sum Ind + \sum Year + \varepsilon_{i,t}$$

(7-1)

式（7-1）中，P_{eff} 为资本市场价格发现效率，FRT 为财务报告透明度，$Controls$ 为控制变量，并控制了行业（Ind）、年度（$Year$）虚拟变量，$\varepsilon_{i,t}$ 是误差项。

7.2.2 变量选择

1. 被解释变量

价格发现效率（P_{eff}）。本章仍然采取第 6 章的定义，详见式（6-3），即该指标是价格发现效率的逆指标，$Dealy1$ 值越大，则价格效率发现（P_{eff}）越低。

2. 核心解释变量

财务报告透明度（FRT）。借鉴以往文献研究，运用可操控性应计盈余管理来进行分析。为增强度量的准确性和实证分析结果的可靠性，采用可操控性应计项目分别进行检验。

选取科创板上市公司为样本，用修正琼斯（Jones）模型（Dechow，1995）及无形资产琼斯（Jones）模型（陆建桥，1999）所得可操纵性应计算得的盈余管理来衡量公司信息透明度，该指标越接近于零，表示盈余管理程度越低。为更好反映公司信息透明度，对该值取绝对值，分别得到 $FRT1$ 和 $FRT2$，此值越大，表示公司信息透明度越低。为使其正向反映企业信息透明度，指标选取相反数来衡量公司信息透明度，此时指标越大代表公司信息透明度越高。具体模型构建如下所示。

$$\frac{TA_{i,t}}{A_{i,t-1}} = \alpha_1 \frac{1}{A_{i,t-1}} + \alpha_2 \frac{\Delta REV_{i,t} - \Delta REC_{i,t}}{A_{i,t-1}} + \alpha_3 \frac{PPE_{i,t}}{A_{i,t-1}} + \varepsilon_{i,t} \quad (7-2)$$

$$DAcc_1 = \frac{TA_{i,t}}{A_{i,t-1}} - \left[\alpha_1 \frac{1}{A_{i,t-1}} + \alpha_2 \frac{\Delta REV_{i,t} - \Delta REC_{i,t}}{A_{i,t-1}} + \alpha_3 \frac{PPE_{i,t}}{A_{i,t-1}} \right] \quad (7-3)$$

$$FRT_1 = -|DAcc_1| \quad (7-4)$$

$$\frac{TA_{i,t}}{A_{i,t-1}} = \alpha_1 \frac{1}{A_{i,t-1}} + \alpha_2 \frac{\Delta REV_{i,t} - \Delta REC_{i,t}}{A_{i,t-1}} + \alpha_3 \frac{PPE_{i,t}}{A_{i,t-1}} + \alpha_4 \frac{IA_{i,t}}{A_{i,t-1}} + \varepsilon_{i,t} \quad (7-5)$$

$$DAcc_2 = \frac{TA_{i,t}}{A_{i,t-1}} - \left[\alpha_1 \frac{1}{A_{i,t-1}} + \alpha_2 \frac{\Delta REV_{i,t} - \Delta REC_{i,t}}{A_{i,t-1}} + \alpha_3 \frac{PPE_{i,t}}{A_{i,t-1}} + \alpha_4 \frac{IA_{i,t}}{A_{i,t-1}} \right]$$

$$(7-6)$$

$$FRT_2 = -|DAcc_2| \tag{7-7}$$

以上式中，$TA_{i,t}$是公司 i 第 t 期的总资产，$A_{i,t-1}$是公司 i 第 $t-1$ 期的总资产；$\Delta REV_{i,t}$是公司 i 在 t 期的营业收入的变动额，$\Delta REC_{i,t}$是公司 i 在 t 期的应收账款的变化额，$PPE_{i,t}$是公司 i 第 t 期的固定资产，$IA_{i,t}$是公司 i 在 t 期的无形资产；$DAcc$ 是操控性应计盈余。

3. 控制变量

为控制其他变量的影响，参考相关文献的方法（方红星等，2019；卞世博等，2022；石玉峰等，2022），控制了如下变量，变量定义如表 7-1 所示。

表 7-1　　　　　　　　变量定义

变量名称	变量符号	变量定义
价格发现效率	Peff	以式（6-3）进行度量
财务报告透明度	FRT1	以式（7-4）进行度量
财务报告透明度	FRT2	以式（7-7）进行度量
公司规模	Size	总资产的自然对数
市账比	BM	所有者权益账面价值÷股票市值
换手率	Turnover	一年内的成交量÷发行总股数
资产负债率	Lev	负债÷总资产
净资产收益率	ROE	净利润÷平均所有者权益
总资产周转率	TAT	营业收入÷平均总资产
机构投资者持股比例	Inst	机构投资者持股比例

7.2.3　样本与数据

本书选取 2019—2021 年科创板上市公司为样本，进行如下筛选和处理。

（1）提取科创板所有上市公司的相关财务数据。

（2）对样本进行初步分析筛选，剔除财务数据缺失的样本和数据明显异常的样本。

在后续实证研究过程中，由于各实证部分的研究内容不同，使用的样本观测值略有不同。本章数据主要来源于 CSMAR 数据库和 Wind 数据库，并对所有连续变量进行1%和99%分位数缩尾（winsorize）处理。经过以上数据筛选与调整，共有593个样本观测值。

7.3 结果与分析

7.3.1 变量描述性统计

为探明研究主体，对主要的研究变量进行单变量分析，描述性统计如表7-2所示。

表7-2　　　　　　　　　　描述性统计

变量	观测值	均值	最小值	1/4分位数	中位数	3/4分位数	最大值	标准差
Peff	593	0.529	0.000	0.245	0.539	0.821	1.000	0.327
FRT1	593	-0.067	-0.386	-0.092	-0.044	-0.020	-0.001	0.070
FRT2	593	-0.068	-0.384	-0.094	-0.046	-0.020	-0.001	0.070
Size	593	22.912	21.337	22.184	22.707	23.506	25.558	0.979
BM	593	0.189	0.020	0.095	0.166	0.263	0.545	0.119
Turnover	593	2.321	0.406	1.386	1.997	3.029	6.704	1.284
Lev	593	0.236	0.034	0.114	0.202	0.318	0.692	0.155
ROE	593	0.111	-0.137	0.067	0.103	0.152	0.610	0.097
TAT	593	0.509	0.092	0.325	0.457	0.627	1.728	0.281
Inst	593	0.293	0.000	0.097	0.271	0.465	0.753	0.210

从表7-2中可以看出，价格发现效率的均值为0.529，财务报告透明度 FRT1 和 FRT2 的均值分别为 -0.067 和 -0.068。其他变量结果与已有文献结果类似，不再赘述。

变量相关性分析如表7-3所示。由表7-3可知，无论是Pearson相关系数，还是Spearman秩相关系数，财务报告透明度 FRT1 和 FRT2 与价格发现效率的相关系数显著为负，由前文定义可知，Dealy1 值越小，价格发现效率越高。因此，该结果也初步印证了本书的研究设想，分析师关注会显著提升价格发现效率。

表 7-3 变量相关性分析

变量	Peff	FRT1	FRT2	Size	BM	Turnover	Lev	ROE	TAT	Inst
Peff	1	-0.037**	-0.036**	-0.069*	-0.046	-0.198***	0.104**	0.036	0.161***	-0.082**
FRT1	-0.034*	1	0.908***	-0.056	0.196***	-0.054	-0.072*	-0.183***	-0.231***	0.097***
FRT2	-0.036*	0.950***	1	-0.093**	0.208***	-0.057	-0.036	-0.192***	-0.203***	0.089***
Size	-0.084**	-0.009	-0.035	1	-0.595***	-0.235***	0.092**	0.234***	0.080*	0.411***
BM	-0.043	0.147***	0.169***	-0.520***	1	0.106***	0.032	-0.345***	-0.165***	-0.325***
Turnover	-0.163***	-0.103**	-0.090**	-0.198***	0.026	1	0.112***	0.046	0.074*	-0.016
Lev	0.108***	-0.049	-0.020	0.138***	0.043	0.110***	1	0.012	0.423***	0.087**
ROE	-0.013	-0.195***	-0.189***	0.170***	-0.229***	0.144***	0.020	1	0.506***	0.096***
TAT	0.130***	-0.247***	-0.225***	0.133***	-0.131***	0.105***	0.366***	0.543***	1	0.016
Inst	-0.094**	0.115***	0.107***	0.418***	-0.319***	-0.043	0.075*	0.051	0.040	1

注：①表中左下部分为 Pearson 相关系数，右上部分为 Spearman 秩相关系数；② "***" "**" "*" 分别表示在 1%、5%、10% 的水平上显著。

表7-3 也可以作为初步判断本书所选变量相互间是否存在严重共线性问题的检验。使用方差膨胀因子（VIF）来检验共线性问题，发现变量中方差膨胀因子最大是 3.22，最小是 1.15；全部变量的 VIF 值均小于 5，VIF 均值为 1.58，小于临界值 3。因此，可以断定本章的所用变量不存在较为严重的多重共线性问题。

7.3.2 基准回归

为验证假设 H1，本节采用混合回归，并使用修正异方差调整的标准误，结果如表 7-4 所示。混合回归以 $Delay1$ 为因变量，该指标是价格发现效率的逆指标，$Delay1$ 越大，价格发现效率越低；反之，$Delay1$ 越小，价格发现效率越高。解释变量分别采用了财务报告透明度 $FRT1$ 和 $FRT2$ 这两个指标。

在表 7-4 中，列（1）至列（4）分别为不加控制变量、加控制变量、解释变量分别采用 $TRAN1$ 和 $TRAN2$ 的结果，不难发现，财务报告透明度 $FRT1$、$FRT2$ 与 $Delay1$ 的系数均显著为负，这说明财务报告透明度越高，$Delay1$ 的值越低，价格发现效率越高。换言之，公司信息透明度的提高会提高价格发现效率。进一步地，不管是 $FRT1$ 还是 $FRT2$，均能显著提升价格发现效率，这与前文的理论分析一致。

表7-4　财务报告透明度与价格发现效率的基准回归

变量	（1）	（2）	（3）	（4）
$FRT1$	-0.169** (-1.932)	-0.042*** (-2.224)		
$FRT2$			-0.111* (-1.658)	-0.009*** (-2.051)
$Size$		-0.064*** (-3.887)		-0.065*** (-3.904)
BM		-0.352*** (-2.598)		-0.355*** (-2.626)

续表

变量	(1)	(2)	(3)	(4)
$Turnover$		-0.039*** (-3.863)		-0.039*** (-3.849)
Lev		0.222** (2.463)		0.222** (2.463)
ROE		-0.315* (-1.866)		-0.313* (-1.855)
TAT		0.158*** (2.887)		0.160*** (2.925)
$Inst$		-0.048 (-0.725)		-0.050 (-0.754)
$\_cons$	0.715*** (13.210)	2.329*** (6.088)	0.715*** (13.176)	2.333*** (6.113)
Ind	Yes	Yes	Yes	Yes
$Year$	Yes	Yes	Yes	Yes
N	593	593	593	593
F	70.317	31.146	70.643	31.035
$Adj. R^2$	0.210	0.264	0.209	0.264

注：括号内为经异方差调整后的 t 值，"***""**""*"分别表示在1%、5%和10%的水平上显著，后同。

7.3.3 机制检验

1. 中介效应

为验证假设 H2，在证实财务报告透明度对价格发现效率有影响的基础上，本部分主要阐释分析师关注的作用机制。

一方面，公司信息披露越及时准确，分析师关注度越高；另一方面，公司会出于声誉的考虑提高信息披露质量，进而引起分析师关注。分析师对实体企业的关注主要表现为通过实地调研和数据收集撰写分析报告。有研究将分析师关注度定义为对目标企业发布盈余预测或投资评级报告的分析师人数,只要分析师在过去一年发布过对该上市企业的一份预测或评级报告,就视其关注了这家上市企业(Yu,2008;杨松令等,2019;张宗新等,2019;刘维奇等,2021)。因此,本部分选择分析师关注度(Analyst)作为公司信息透明度的代理变量,分析师关注数量指公司上市当年,跟踪分析该公司的团队数量,并非团队成员数量(石玉峰等,2022)。

分析师关注的中介效应分析,如表7-5所示。

表7-5　　　　　　　　　分析师关注的中介效应分析

变量	(1) Analyst	(2) Peff	(3) Analyst	(4) Peff
FRT1	0.234 *** (2.512)	-0.050 *** (-2.273)		
FRT2			0.114 *** (2.258)	-0.013 *** (-2.075)
Analyst		-0.037 ** (-2.264)		-0.036 ** (-2.258)
Size	0.605 *** (14.670)	-0.042 ** (-2.131)	0.604 *** (14.690)	-0.042 ** (-2.146)
BM	-0.434 (-1.293)	-0.368 *** (-2.768)	-0.446 (-1.335)	-0.372 *** (-2.800)
Turnover	0.163 *** (5.611)	-0.033 *** (-3.160)	0.163 *** (5.625)	-0.033 *** (-3.147)
Lev	-0.393 (-1.580)	0.208 ** (2.333)	-0.393 (-1.578)	0.208 ** (2.334)
ROE	0.650 (1.430)	-0.291 * (-1.765)	0.655 (1.443)	-0.289 * (-1.752)
TAT	-0.321 ** (-1.999)	0.147 *** (2.676)	-0.314 * (-1.959)	0.149 *** (2.720)
Inst	1.348 *** (7.310)	0.001 (0.018)	1.341 *** (7.283)	-0.001 (-0.016)

续表

变量	（1） Analyst	（2） Peff	（3） Analyst	（4） Peff
_cons	-12.211*** (-12.030)	1.883*** (4.230)	-12.195*** (-12.034)	1.889*** (4.251)
Ind	Yes	Yes	Yes	Yes
Year	Yes	Yes	Yes	Yes
N	593	593	593	593
F	68.890	28.019	69.033	27.929
Adj. R^2	0.545	0.269	0.545	0.269

由列（1）不难发现，FRT1 对分析师关注度呈现显著为正的影响，说明财务报告透明度确实吸引了更多的分析师关注。列（2）中的 FRT1 和 Analyst 均显著，这说明分析师关注度发挥了部分中介作用。本书也做了 Sobel 检验，Z 值为 2.67，进一步验证了分析师关注度的部分中介作用。同时，列（3）和列（4）中的 FRT2 结果也进一步证实了这一结论。

2. 异质性分析

考虑到财务报告透明度与价格发现效率之间的关系可能会受到市场流动性、企业成长性以及产权性质的影响，本节分别选择市场流动性、企业成长性及产权性质作机制分析。参考已有文献，市场流动性选择 Amihud 非流动性指标予以测度（Amihud，2002），企业成长性采用营业收入增长率测度，产权性质区分为国有与非国有。

对连续性指标，分别计算出其中位数，然后按照中位数将样本区分为高于中位数组和低于中位数组，并分组进行回归；对离散变量，产权性质则直接划分为国有与非国有两组进行分析。

一是市场流动性异质性分析。在按照 Amihud 非流动性指标分组后，回归结果如表 7-6 所示。列（1）和列（2）的结果显示，高流动性组的财务报告透明度 FRT1 和 FRT2 对价格发现效率的影响非常显著，这证实了在高流动性组，公司信息透明度对价格发现效率的促进作用较为显著；列（3）

和列（4）的结果显示，当市场的流动性较低时，该作用无法得到发挥，组间系数检验结果也验证了这一结论。

表7-6　　　　　　　　　非流动性分组分析

变量	高流动性		低流动性	
	（1）	（2）	（3）	（4）
FRT1	-0.066*** (-3.261)		-0.009 (-0.032)	
FRT2		-0.054*** (-3.225)		0.035 (0.122)
Size	-0.031 (-1.395)	-0.031 (-1.401)	-0.143*** (-3.876)	-0.144*** (-3.923)
BM	-0.224 (-0.993)	-0.226 (-1.005)	-0.592*** (-3.439)	-0.598*** (-3.477)
Turnover	-0.037*** (-2.721)	-0.037*** (-2.707)	-0.051*** (-3.230)	-0.052*** (-3.229)
Lev	0.125 (0.996)	0.125 (0.999)	0.350*** (2.844)	0.350*** (2.840)
ROE	-0.169 (-0.786)	-0.169 (-0.784)	-0.293 (-1.067)	-0.293 (-1.071)
TAT	0.044 (0.604)	0.046 (0.621)	0.307*** (4.131)	0.310*** (4.126)
Inst	-0.173* (-1.761)	-0.174* (-1.770)	0.074 (0.886)	0.072 (0.856)
_cons	1.662*** (3.234)	1.664*** (3.241)	3.975*** (4.695)	4.000*** (4.747)
Ind	Yes	Yes	Yes	Yes
Year	Yes	Yes	Yes	Yes
N	296	296	297	297
F			17.413	17.446
Adj. R^2	0.291	0.291	0.312	0.312

从理论视角进行分析，市场流动性对资本市场价格发现和资源配置功能

的发挥起着至关重要的作用，流动性是资本市场的生命力所在（Amihud，2002）。因此，为保证公司信息透明度对价格发现效率的促进作用，市场流动性必须得到充分保障。不同于做市商市场，订单驱动市场的流动性由买卖双方驱动，做市商市场则由做市商驱动。因此，资本市场功能的发挥还是要由良好的市场机制来保障。

二是企业成长性异质性分析。按照年份、行业去中心化的企业成长速度均值，将研究样本分为高成长性与低成长性两组，分组回归结果如表7-7所示。

表7-7　　　　　　　　企业成长性分组分析

变量	低成长性		高成长性	
	(1)	(2)	(3)	(4)
FRT1	-0.312 (-1.133)		-0.166* (-1.675)	
FRT2		-0.262 (-0.985)		-0.193*** (-2.791)
Size	-0.046* (-1.942)	-0.047** (-1.970)	-0.067*** (-2.841)	-0.067*** (-2.822)
BM	-0.438** (-2.494)	-0.438** (-2.484)	-0.196 (-0.940)	-0.195 (-0.941)
Turnover	-0.047*** (-3.270)	-0.047*** (-3.280)	-0.034** (-2.589)	-0.034** (-2.578)
Lev	0.297** (2.076)	0.297** (2.082)	0.173 (1.483)	0.172 (1.471)
ROE	-0.533* (-1.871)	-0.530* (-1.860)	-0.188 (-0.901)	-0.185 (-0.883)
TAT	0.141 (1.318)	0.146 (1.373)	0.161** (2.392)	0.161** (2.396)
Inst	-0.029 (-0.297)	-0.032 (-0.323)	-0.089 (-0.909)	-0.090 (-0.918)
_cons	1.987*** (3.673)	2.000*** (3.698)	2.598*** (4.401)	2.583*** (4.397)

续表

变量	低成长性		高成长性	
	(1)	(2)	(3)	(4)
Ind	Yes	Yes	Yes	Yes
Year	Yes	Yes	Yes	Yes
N	296	296	297	297
F	31.946	31.802	9.802	9.560
Adj. R^2	0.366	0.365	0.169	0.169

在列（1）和列（2）的低成长性组，公司信息透明度对价格发现效率的影响不显著；在列（3）和列（4）的高成长性组，FRT1 和 FRT2 的系数均显著为负，说明财务报告透明度对价格发现效率均有显著影响。尽管科创板上市公司均为高科技企业，但不同企业的成长性还是存在差异的，当企业成长性较高时，财务报告透明度的提升会导致价格发现效率的提升。进一步通过组间系数检验，两者存在显著差异，即相对于低成长性组的公司而言，公司信息透明度提高价格发现效率的作用在高成长性组中更强。

三是企业产权性质异质性分析。按照实际控制人类别，将样本划分为国有企业组和非国有企业组，分组回归结果如表7－8所示。列（1）和列（2）中，国有企业组的财务报告透明度 FRT1 和 FRT2 均能有效促进价格发现效率；列（3）和列（4）中，非国有企业组 FRT1 和 FRT2 的系数并不显著。

表7－8　　　　　　　企业产权性质分组分析

变量	国有企业		非国有企业	
	(1)	(2)	(3)	(4)
FRT1	-0.500*** (-3.683)		-0.025 (-0.132)	
FRT2		-0.661** (-1.853)		0.013 (0.071)
Size	0.008 (0.123)	0.012 (0.195)	-0.075*** (-4.212)	-0.075*** (-4.230)

续表

变量	国有企业		非国有企业	
	(1)	(2)	(3)	(4)
BM	0.239 (0.494)	0.233 (0.475)	-0.453*** (-3.335)	-0.457*** (-3.369)
Turnover	0.051 (1.084)	0.054 (1.165)	-0.043*** (-4.165)	-0.043*** (-4.149)
Lev	0.652* (1.784)	0.639* (1.733)	0.197** (2.046)	0.197** (2.046)
ROE	0.344 (0.390)	0.462 (0.542)	-0.343* (-1.964)	-0.342* (-1.955)
TAT	-0.054 (-0.323)	-0.058 (-0.350)	0.187*** (3.061)	0.189*** (3.113)
Inst	-0.197 (-0.724)	-0.209 (-0.775)	-0.048 (-0.690)	-0.050 (-0.722)
_cons	0.311 (0.211)	0.203 (0.137)	2.595*** (6.325)	2.600*** (6.356)
Ind	Yes	Yes	Yes	Yes
Year	Yes	Yes	Yes	Yes
N	38	38	555	555
F	27.790	25.326	28.737	28.566
Adj. R^2	0.130	0.138	0.274	0.274

分析产权性质分组检验的结果，原因可能在于国有企业经营发展更加规范，能够掌握市场未来发展走向；财务报告透明度 FRT1 和 FRT2 使公司前瞻性信息得到及时反馈，并得到市场认可，有利于价格发现效率及资源配置功能的发挥。相对而言，在把握国家宏观政策及未来发展方面，非国有企业稍逊，因此 FRT1 和 FRT2 对价格发现效率的促进作用不够显著。但随着资本市场公平、公正、公开原则的切实实施，以及注册制的不断完善，加上非国有企业自身的良性发展，财务报告透明度对价格发现效率的提升作用也会逐渐显现。组间系数差异检验的结果再次印证了本部分的分析结果。

7.3.4 稳健性检验

1. 解决遗漏变量问题

借鉴以往文献,利用固定效应方法进行检验。财务报告透明度对价格发现效率影响的面板回归,如表7-9所示。

表7-9 财务报告透明度对价格发现效率影响的面板回归

变量	(1)	(2)	(3)	(4)
$FRT1$	-0.174 ** (-1.985)	-0.053 *** (-2.299)		
$FRT2$			-0.115 * (-1.653)	-0.022 *** (-2.125)
$Size$		-0.063 *** (-4.054)		-0.063 *** (-4.081)
BM		-0.358 *** (-2.833)		-0.362 *** (-2.878)
$Turnover$		-0.038 *** (-4.088)		-0.038 *** (-4.076)
Lev		0.226 *** (2.630)		0.226 *** (2.644)
ROE		-0.318 ** (-2.031)		-0.318 ** (-2.029)
TAT		0.157 *** (3.007)		0.158 *** (3.060)
$Inst$		-0.047 (-0.721)		-0.049 (-0.750)
$\_cons$	0.708 *** (12.132)	2.281 *** (6.373)	0.710 *** (12.017)	2.282 *** (6.414)
Ind	Yes	Yes	Yes	Yes
$Year$	Yes	Yes	Yes	Yes

续表

变量	（1）	（2）	（3）	（4）
N	593	593	593	593
χ^2	241.785	306.106	241.567	304.012
R^2	0.202	0.241	0.205	0.238

在表7-9中，列（1）至列（4）的结果显示，财务报告透明度 FRT1 和 FRT2 对价格发现效率的促进作用均非常显著，验证了基准回归的结果，即无论是分析师关注还是研报关注，均有助于价格发现效率的提升，能够促进资本市场资源配置功能的发挥。

2. 解决测度误差问题

利用式（6-4）的价格发现效率的逆指标 Delay2 进行检验，该指标越大，则价格发现效率越低。可以预期财务报告透明度 FRT1 和 FRT2 与 Delay2 的回归系数仍然为负。表7-10列示了该回归结果。

表7-10　　　　　　　　　替换被解释变量回归

变量	（1）	（2）	（3）	（4）
FRT1	-0.117** (-1.972)	-0.007** (-2.058)		
FRT2			-0.083* (-1.698)	0.017*** (02146)
Size		-0.048*** (-4.212)		-0.048*** (-4.223)
BM		-0.409*** (-4.738)		-0.411*** (-4.769)
Turnover		-0.038*** (-5.503)		-0.038*** (-5.487)
Lev		0.138** (2.274)		0.138** (2.274)
ROE		0.073 (0.666)		0.074 (0.679)

续表

变量	(1)	(2)	(3)	(4)
TAT		0.047 (1.232)		0.048 (1.256)
Inst		-0.007 (-0.175)		-0.009 (-0.208)
_cons	0.680*** (10.038)	1.886*** (7.202)	0.680*** (10.034)	1.889*** (7.225)
Ind	Yes	Yes	Yes	Yes
Year	Yes	Yes	Yes	Yes
N	593	593	593	593
F	13.909	13.824	13.780	13.804
Adj. R^2	0.172	0.249	0.171	0.249

在表 7-10 的列 (1) 至列 (4) 中，财务报告透明度 FRT1 和 FRT2 均能显著提升价格发现效率。因此，可以排除因变量测度误差的影响，进一步证实结果的稳健性。

3. 广义最小二乘法

如表 7-11 所示，财务报告透明度 FRT1 和 FRT2 与价格发现效率的系数均显著为负，结果不变。财务报告透明度对价格发现效率的促进作用依然存在。

表 7-11　　　　　　　广义最小二乘法回归

变量	(1)	(2)	(3)	(4)
FRT1	-0.192*** (-16.519)	-0.016*** (-2.252)		
FRT2			-0.209*** (-4.878)	-0.025*** (-2.430)
Size		-0.064*** (-11.873)		-0.064*** (-12.259)
BM		-0.338*** (-6.993)		-0.340*** (-7.133)

续表

变量	(1)	(2)	(3)	(4)
Turnover		-0.043*** (-13.978)		-0.044*** (-13.428)
Lev		0.161*** (5.302)		0.155*** (4.976)
ROE		-0.302*** (-7.501)		-0.299*** (-7.362)
TAT		0.167*** (7.473)		0.168*** (7.463)
Inst		-0.059*** (-2.676)		-0.060*** (-2.699)
_cons	0.758*** (13.745)	2.373*** (16.769)	0.762*** (13.765)	2.371*** (17.293)
Ind	Yes	Yes	Yes	Yes
Year	Yes	Yes	Yes	Yes
N	593	593	593	593
χ^2	1 157.294	1 477.753	782.326	1 375.825

7.4 本章小结

本书以2019—2021年科创板上市公司为研究对象，选择财务报告视角，探讨了公司信息透明度对资本市场价格发现效率的影响。首先，对财务报告作用于价格发现效率的影响进行了实证检验；其次，从市场流动性、企业成长性及产权性质三个方面来考察公司信息透明度对价格发现效率的影响机制；最后，进一步检验结果的稳健性。

研究发现：财务报告透明度能显著提升价格发现效率。进一步发现，财务报告透明度通过吸引分析师关注提升了价格发现效率。为验证该作用的发挥受到市场流动性、企业成长性及产权性质的影响，笔者逐一进行了机制分析。实证研究发现,市场流动性较高、企业成长性较高及产权性质为国有企业时,分析师关注度对价格发现效率的促进作用更为明显。相反,市场流动性较低、企业成长性较低及产权性质为非国有企业时,该影响不再显著。为进一步分析稳健性,采用固定效应模型解决遗漏项问题,同时通过调整变量,运用广义最小二乘法等方法进行检验,得到的结论不变。

为此,笔者提出如下政策建议:

首先,应该关注科创板企业财务报告质量和财务报告透明度的作用,这是提高价格发现效率的重要机制。同时,这也是市场有效理论在科创板市场的进一步印证。

其次,要保证该机制的有效发挥,需要关注市场机制的变革,尤其是要保障市场流动性,市场流动性是资本市场的生命力所在。

最后,不断完善注册制的信息披露机制,确保今后能够为主板实施注册制改革提供有价值的借鉴,包括市场流动性的发挥、价格发现效率及资源配置功能的发挥等。

第 8 章
结论与政策建议

8.1 结　　论

本书以注册制改革为契机，探讨我国市场交易机制变化下，市场微观效率的提升问题，聚焦于注册制下科创板上市公司信息透明度对价格发现效率的影响机制，通过理论分析和实证检验，分析了公司信息透明度对价格发现效率的影响。在此基础上，结合注册制下提高上市公司信息透明度的改革实践，利用2019—2021年科创板上市公司微观数据，构建了公司信息透明度变量对价格发现效率的基础模型和中介机制模型，具体分析了招股说明书信息透明度、业绩预告信息透明度和财务报告透明度对价格发现效率的影响。通过本书的研究，得出如下结论：

（1）招股说明书信息透明度能有效提高资本市场的效率，推动我国高效资本市场建设。具体而言，以上市前招股说明书的信息透明度作为信息透明度的替代变量，以价格发现效率作为资本市场效率的替代变量，研究发现，上市前招股说明书的信息透明度对股价发现效率有显著影响。虽然变量构建方法的差异导致回归系数稍有差异，但模型总体显著。本书选取中签率和融资规模作为调节变量，通过进一步的机制分析发现，招股说明书信息透明度对价格发现效率的提升并非线性的，高中签率对上市前招股说明书信息透明度促进价格发现效率具有显著的作用，但在低中签率的样本中该关系并不显著。融资规模的机制分析结论和中签率类似。该结果说明了信息要通过市场参与量的提升而起到良好的作用，IPO 公司融资规模大、中签率高，才会引起投资者的兴趣，投资者会花费更多的成本从招股说明书及其他途径中获取信息，增加股票的价格发现能力。因此，证监会及相关监管部门应有效推动招股说明书信息披露制度的落地实施，同时通过制度改革吸引更多投资者参与，这是推动我国资本市场快速发展的重要举措。

（2）严格落实业绩预告披露制度，推动上市公司合理进行业绩预告，有利于市场效率的提升。本书第 6 章对此问题展开讨论，研究发现：业绩预告误差越大，价格发现效率越低。具体而言，当业绩预告误差每变动 1 个单位，价格发现效率指标变动 0.029 个单位，且回归系数在 99% 的置信度下显著。进一步的研究发现，业绩预告通过资产误定价显著降低价格发现效率。因此，提高资产定价效率，有利于发挥业绩预告在提升价格发现效率中的功能。

（3）财务报告透明度能显著提升价格发现效率，这是推动资本市场高效建设的又一重要措施。本书第 7 章对此问题展开讨论，研究发现：财务报告透明度通过吸引分析师关注提升了价格发现效率。在此基础上，本书以市场流动性、企业成长性及产权性质为调节变量进行分类实证，结果发现，当市场流动性较高时，分析师关注能引导资金"用脚投票"，通过流动性反映资本市场价格发现。当公司成长性较低时，公司受到分析师和研报的关注可能会比较少，信息未能及时得到反映，价格发现效率的作用受到影响，不利于资源配置功能的发挥。国有企业对国家政策更加敏感，其自身特性也决定了此类企业更受分析师的关注。通过分析师关注的视角可以看出，增加证券分析师市场供给，有利于分析师关注数量的增加，聚焦行业的分散化和差异化，让投资者根据分析师关注的差异作出新的投资决策，对资本市场效率的提升具有重要意义。

8.2 政策建议

1. 对监管机构的建议

注册制改革是监管体制不断转向市场化和法治化的透明化监管过程（吴晓求等，2021）。注册制改革前，国内企业上市审核中衍生了一系列寻租行为（刘煜辉等，2005；陈运森等，2014），在一定程度上抑制了市场定价效率和资源配置效率。注册制改革后，由投资者自己对 IPO 上市公司作出价值判断和投资决策，这就凸显了招股说明书的重要意义。我国证监会下发了针对注册制下招股说明书的专门指导意见，旨在进一步提高招股说明书信息披露质量，推动资本市场高质量发展。本书以上市公司招股说明书问询前后文本的变化来反映招股说明书的质量，实证研究证明招股说明书信息透明度能够显著提高价格发现效率，并在 IPO 融资规模比较大、IPO 中签率比较高的组表现得更为明显。这也印证了注册制背景下，证监会出台的有关招股说明书信息披露的规定较为有效，特别是在资本市场的价格发现功能方面是非常有效的，需要进一步发挥招股说明书的价值。

第一，进一步提升监管效能。注册制将是一次深远的、系统的改革，注册制不意味着不监管，而是监管制度的升级。我国证券市场的发展时间比较短，基础制度和市场机制还很不健全，因此需要监管部门切实把握协调统领作用，在严督查、管秩序等方面发挥积极作用。另外，为切实保护投资者的合法权益，证监会的监管重心应转向对相关主体信息披露内容真实性、准确性、完整性的审核监督。同时，要坚定注册制改革市场化、法治化和国际化的大方向，落实建制度、不干预、零容忍的要求，不断推进资本市场改革的发展和稳定，为实现"十四五"期间全面实行注册制打下坚实基础。

第二，加快建立市场估值体系。注册制下科创板的诞生有助于我国科技创新型企业的发展，也是 A 股市场与国际接轨的重要一步。对公司的合理估值是企业登陆科创板以及科创板平稳运行的关键因素之一，受科创型企业高成长性、投资者投资偏好、政府政策支持以及非理性投资等因素的影响，科创板存在被高估的可能，科创板的高估值意味着当前股价高于股票的内在价值，不能形成有效的价格均衡，以至于影响价格发现效率，不利于市场平稳运行。同时，我国资本市场的鲜明特色在于，我们正处于高质量发展和经济新旧动能转换的时期，每个行业受到的支持力度不同，与时代发展的契合度不同，未来的发展前景也迥异。资本市场是连接实体经济和居民财富的纽带，是未来居民财富配置的主要方向。在资本市场中，风险自担的投资群体通过真金白银为企业的未来定价，在此过程中实现金融资源的配置。资本要素是企业生产的核心要素之一，估值与资本要素的获取密切相关，决定了金融资源配置的方向。

2. 对上市公司的建议

分析师作为资本市场中的重要信息中介，其作用主要是依靠自身的专业背景和信息加工处理能力，减少上市公司和投资者的信息不对称，使信息更加公开，提升资本市场运行效率。本书对分析师关注度进行研究，实证检验了注册制下公司信息透明度对资本市场价格发现效率的影响，结果证实分析师关注能显著提升价格发现效率，但注册制下业绩预告透明度会降低价格发现效率，该结果是增加资产误定价程度造成的，这对科创板企业起到一定的启示。

第一，要强化公司治理。上市公司要实现高质量发展就需要有良好的公司治理实践。目前，上市公司在治理方面还存在认知偏差，重业绩轻治理，甚至将公司治理和规范运作视为外部的监管要求，缺乏公司治理的内生动力，未形成治理的有效制衡。有效的公司治理是保障信息披露质量的前提，信息披露是市场机制发挥有效作用的重要基础，也是投资者明确识别相关风险、收益、成本的重要标准。

第二，要更加注重创新。科创板的设立，目的是不断完善我国资本市场机制，方便更多高新技术企业上市融资，是我国鼓励创新，鼓励新兴产业的重大决策。通过改革，进一步完善支持创新的资本形成机制，为科创企业实现技术创新提供资本运作的平台和必要条件。但是这些企业大多还不够稳定、技术、商业模式都不是非常固定，甚至还没有盈利，普遍存在业绩波动大、前景不确定、技术新、风险高的特点。因此，从长远来看，需要企业不断创新，持续增加研发投入，迅速占领技术领先甚至技术垄断的地位，实现企业价值和市场价值的匹配。

3. 对投资者的建议

本书通过研究发现，注册制下业绩预告透明度会因资产误定价而造成价格发现效率降低，资产误定价源于信息对称和完全理性这两个缺乏合理性和现实性的假设（陈炜，2004）。投资者作为社会人，自然会受到各种自身条件的约束，无法进行完全理性的判断，资本市场的信息不对称也致使投资者无法获得完全信息。与 A 股目前的 IPO 制度相比，科创板的注册制更加公开、透明，但个人投资者在市场中的弱势地位并没有得到应有的改变。

科创板的投资者分为两类，分别是机构投资者和个人投资者。对于机构投资者来说，只要符合法律法规和上交所业务规则的规定，就可以直接申请开通科创板交易权限。但对个人投资者来说，由于在注册制下失去了核准制政府实质性审核的保护，投资者在市场中面临的风险加大，因此需要投资者不断提升投资知识水平和风险意识，减少盲目跟风交易，降低个人利益遭到大型投资者侵害的可能，进而促进市场效率提升。

8.3　研究不足与展望

本书存在的不足主要表现在：研究选择的样本数据是基于科创板的，由于科创板上市时间较短，无法通过更长窗口期分析公司信息透明度对价格发现效率影响的非线性特征及时间序列特征。

进一步的研究建议：

（1）上市前招股说明书的信息透明度，上市后业绩预告、财务报告的信息透明度，均为时点指标，不能很好地表现市场信息透明度的连续性。因此，基于文本分析法，可采用对相关信息的文本语调解读作为市场参与者对信息的态度，分析是否存在语调操纵的情况，以及产生的经济后果，为市场信息透明度与市场价格发现效率的影响关系提供连续性证据。

（2）资本市场具有交易时间连续性特征。本书使用年度数据、周度数据进行的研究，并不能体现高频信息下的价格发现效率。利用高频数据，可进一步挖掘信息透明度对价格发现效率产生影响的内在机理。这是本书所不具备的，也是笔者未来的研究目标。

（3）本书以科创板的样本得出实证结论，并不能完全代表沪深主板的市场规律，未来需进一步考察沪深主板市场的交易机制变化，并将科创板与沪深主板作进一步对比研究，以进一步优化研究结论。

参考文献

[1] 卞世博,陈曦,汪训孝.高质量的互动可以提高股票市场定价效率吗——基于"上证 e 互动"的研究[J].经济学(季刊),2022(3):749-772.

[2] 蔡传里,许家林.上市公司信息透明度对股票流动性的影响——来自深市上市公司 2004—2006 年的经验证据[J].经济与管理研究,2010(8):88-96.

[3] 曹凤岐.中国资本市场特点及发展趋势[J].现代商业银行,2003(4):16-18.

[4] 曹啸,张云.投资者交易对股价同步性影响研究——基于信息获取异质性的视角[J].会计与经济研究,2021(2):103-125.

[5] 常利民.控股股东股权质押与公司业绩预告行为[J].财经论丛,2020(9):74-83.

[6] 常利民.商誉减值与公司业绩预告行为[J].证券市场导报,2022(1):62-71.

[7] 陈汉文,王金妹,刘思义,等.审计委员会透明度与会计信息质量——基于履职情况披露的经验证据[J].管理评论,2022(1):255-267.

[8] 陈红,邓少华,尹树森."大数据"时代背景下媒体的公司治理机制研究——基于信息透明度的实证检验[J].财贸经济,2014(7):72-81.

[9] 陈见丽.基于注册制视角的上市公司退市制度改革研究[J].学术交流,2019(3):108-119.

[10] 陈钦源,薛菲,杨圣之,等."危中寻机":线上交流能提升资本市场信息效率吗?[J].经济管理,2021(5):142-158.

[11] 陈邑早,陈艳,王圣媛.以科创板注册制为起点建设高质量信息披露制度[J].学习与实践,2019(4):35-42.

[12] 陈远志,田靖.信息披露质量、投资者预期与股价崩盘风险——基于中小板和创业板上市公司的实证研究[J].金融监管研究,2021(12):75-91.

[13] 代彬,彭程,郝颖.国企高管控制权、审计监督与会计信息透明度[J].财经研究,2011(11):113-123.

[14] 董南雁,梁巧妮,林青.管理层业绩预告策略与隐含资本成本[J].南开管理评论,2017(2):45-57.

[15] 董秀良,刘佳宁,满媛媛.注册制下科创板首发定价合理性及高回报成因研究[J].上海财经大学学报,2020(6):65-78.

[16] 董秀良,刘佳宁,徐世莹.中国科创板IPO定价效率及影响因素研究[J].数理统计与管理,2021(3):526-543.

[17] 董竹,张欣.分析师乐观偏差与企业研发投入——基于利益冲突和信息透明度的实证研究[J].科研管理,2022(7):181-188.

[18] 杜兴强,周泽将.政治联系方式与民营上市公司信息透明度——基于深交所信息披露考评的经验证据[J].中南财经政法大学学报,2010(1):126-131.

[19] 杜运潮,王任祥,徐凤菊.国有控股上市公司的治理能力评价体系——混合所有制改革背景下的研究[J].经济管理,2016(11):11-25.

[20] 方红星,楚有为.自愿披露、强制披露与资本市场定价效率[J].经济管理,2019(1):156-173.

[21] 付强,扈文秀,康华.股权激励能提高上市公司信息透明度吗——基于未来盈余反应系数的分析[J].经济管理,2019(3):174-192.

[22] 高达, 王鹏. 股票发行注册制改革背景下保荐人制度重构 [J]. 学术探索, 2016 (12): 98-102.

[23] 高雷, 宋顺林. 公司治理与公司透明度 [J]. 金融研究, 2007 (11): 28-44.

[24] 葛家澍. 关于财务会计基本假设的重新思考 [J]. 会计研究, 2002 (1): 5-10.

[25] 葛其明, 徐冬根. 多层次资本市场建设下的差异化信息披露制度——兼论科创板信息披露的规制 [J]. 青海社会科学, 2019 (3): 132-141.

[26] 官晓云, 权小锋, 刘希鹏. 供应链透明度与公司避税 [J]. 中国工业经济, 2022 (11): 155-173.

[27] 郭雳. 注册制下我国上市公司信息披露制度的重构与完善 [J]. 商业经济与管理, 2020 (9): 92-101.

[28] 韩传模, 杨世鉴. 自愿披露能提高上市公司信息披露质量吗——基于我国上市公司业绩预告的分析 [J]. 山西财经大学学报, 2012 (7): 67-74.

[29] 胡海峰, 王灿灿. 资本市场透明度研究新进展 [J]. 经济学动态, 2022 (6): 131-149.

[30] 胡志强, 王雅格. 审核问询、信息披露更新与IPO市场表现——科创板企业招股说明书的文本分析 [J]. 经济管理, 2021 (4): 155-172.

[31] 黄宏斌, 张锐佳, 王文利. 自媒体披露对资本市场信息效率的影响研究 [J]. 金融论坛, 2021 (12): 58-67.

[32] 黄少安, 邢宇, 杨晨姊. 机构投资者的异质性及其对股票市场的影响 [J]. 经济纵横, 2022 (8): 107-118.

[33] 黄秀女, 钱乐乐. 信息披露质量与上市公司债务融资选择——基于深交所信息披露考评数据的实证分析 [J]. 经济经纬, 2019 (5): 158-164.

[34] 江兵, 彭笑笑. 我国上市公司信息披露质量评价体系研究 [J].

中国管理科学, 2016 (S1): 337-344.

[35] 江婕, 王正位, 龚新宇. 信息透明度与股价崩盘风险的多维实证研究 [J]. 经济与管理研究, 2021 (2): 53-65.

[36] 蒋尧明, 杨嘉逸, 邓瑶. 科创板审核问询函要求回应媒体质疑能提升 IPO 定价效率吗 [J]. 当代财经, 2022 (8): 124-137.

[37] 蒋尧明, 张雷云. 科创板审核问询函能提升关键事项信息披露水平吗 [J]. 当代财经, 2021 (9): 126-136.

[38] 孔东民, 孔高文, 刘莎莎. 机构投资者、流动性与信息效率 [J]. 管理科学学报, 2015 (3): 1-15.

[39] 赖黎, 蓝春丹, 秦明春. 市场化改革提升了定价效率吗——来自注册制的证据 [J]. 管理世界, 2022 (4): 172-199.

[40] 黎文靖, 潘大巍. 分析师实地调研提高了信息效率吗——基于年报市场反应的分析 [J]. 会计与经济研究, 2018 (1): 21-39.

[41] 李秉成, 郑珊珊. 管理者能力能够提高资本市场信息效率吗——基于股价同步性的分析 [J]. 审计与经济研究, 2019 (3): 80-90.

[42] 李东方. 证券监管机构及其监管权的独立性研究　兼论中国证券监管机构的法律变革 [J]. 政法论坛, 2017 (1): 74-87.

[43] 李静, 董秀良. 资本市场开放对企业透明度的影响 [J]. 湖北社会科学, 2021 (1): 87-97.

[44] 李科, 徐龙炳, 朱伟骅. 卖空限制与股票错误定价——融资融券制度的证据 [J]. 经济研究, 2014 (10): 165-178.

[45] 李明, 尹江熙. 政府补助、信息透明度与市场资源配置效率 [J]. 求索, 2021 (6): 121-128.

[46] 李明娟, 冯曦, 田国双. 环境与可持续发展信息透明度对企业价值的影响——以农林业上市公司面板数据为例 [J]. 东北林业大学学报, 2021 (4): 132-136.

[47] 李青原, 王露萌. 会计信息可比性与上市公司业绩预告外溢效应 [J]. 经济管理, 2020 (5): 173-194.

[48] 李寿喜, 洪文姣. 环境不确定性、透明度与企业创新 [J]. 工业技术经济, 2020 (8): 44-52.

[49] 李晓溪, 饶品贵, 岳衡. 年报问询函与管理层业绩预告 [J]. 管理世界, 2019 (8): 173-188.

[50] 李璇, 白云霞. IPO 公司风险信息披露及其对 IPO 抑价的影响——基于中国赴美上市公司和国内 A 股的经验证据 [J]. 管理评论, 2021 (7): 29-42.

[51] 李洋, 王春峰, 向健凯, 等. 交易者有限理性、信息披露质量与价格发现效率 [J]. 系统工程理论与实践, 2020 (7): 1682-1693.

[52] 李哲, 黄静, 简泽. 突破式创新对自愿性管理层业绩预告的影响 [J]. 金融评论, 2021 (3): 56-78.

[53] 梁睿, 董纪昌, 贺舟, 等. 科创板交易制度会改善我国股票市场质量吗——基于多主体建模的仿真分析 [J]. 系统工程理论与实践, 2022 (1): 76-83.

[54] 廖士光. 融资融券交易价格发现功能研究——基于标的证券确定与调整的视角 [J]. 上海立信会计学院学报, 2011 (1): 67-76.

[55] 刘柏, 卢家锐. "好公民" 还是 "好演员": 企业社会责任行为异象研究——基于企业业绩预告视角 [J]. 财经研究, 2018 (5): 97-108.

[56] 刘广, 张迎. 机构投资者持股网络对市场信息效率的影响研究 [J]. 金融经济学研究, 2022 (6): 1-16.

[57] 刘捷先, 张晨. 中国企业碳信息披露质量评价体系的构建 [J]. 系统工程学报, 2020 (6): 849-864.

[58] 刘静, 王克敏. 同群效应与公司研发——来自中国的证据 [J]. 经济理论与经济管理, 2018 (1): 21-32.

[59] 刘琳, 王金凤. 社会资本、公司透明度与债务融资成本 [J]. 调研世界, 2022 (11): 32-43.

[60] 刘少波, 杨俊宇, 张友泽. 信息透明度、分析师关注与实体企业金融化 [J]. 南方金融, 2021 (12): 47-58.

[61] 刘思静. 媒体关注度、分析师关注度与资本市场定价效率 [D]. 北京：北京外国语大学，2017.

[62] 刘逖. 证券市场微观结构理论与实践 [M]. 上海：复旦大学出版社，2002.

[63] 刘亭立，王妍，杨松令. 智慧城市建设能否提高资本市场信息效率？[J]. 北京工商大学学报（社会科学版），2022（4）：33-43.

[64] 刘维奇，武翰章. 分析师改善了市场信息环境吗——来自公司特质风险的证据 [J]. 中央财经大学学报，2021（1）：43-53.

[65] 刘新争，高闯. 机构投资者抱团、外部治理环境与公司信息透明度 [J]. 中南财经政法大学学报，2021（3）：26-35.

[66] 刘银国，杨善林，李敏. 公司治理与信息透明度问题研究 [J]. 经济社会体制比较，2005（4）：46-51.

[67] 卢骏，杨季超. 融资融券交易对市场价格发现的影响——基于中国创业板与中小板的研究 [J]. 财经论丛，2015（11）：43-51.

[68] 陆超，戴静雯，刘思静. 媒体、证券分析师与股价同步性 [J]. 北京交通大学学报（社会科学版），2018（3）：82-92.

[69] 马连福，秦鹤. 试点注册制下创业板存量公司如何应对"狼来了"——基于投资者关系管理的视角 [J]. 管理现代化，2021（2）：8-11.

[70] 马连福，张琦，王丽丽. 注册制度下投资者关系管理的新变化 [J]. 证券市场导报，2014（9）：67-71.

[71] 马志健. 注册制背景下信息披露重大性标准探究 [J]. 财会月刊，2022（8）：147-153.

[72] 毛志宏，魏延鹏. 党组织嵌入对信息透明度的影响研究——来自国有企业的经验证据 [J]. 软科学，2020（8）：12-18.

[73] 綦好东，王金磊. 非上市国有企业透明度评价体系设计与应用：以中央企业为例 [J]. 会计研究，2016（2）：3-13.

[74] 尚兆燕，王敏. 注册制下CPA法律责任体系的逻辑与重构——基于法律文化与经济学的解释视角 [J]. 南京审计大学学报，2017（6）：66-74.

[75] 石玉峰, 张冰妍, 张宗新. 科创板 IPO 审核问询能否提升资本市场信息效率——基于股价同步性的文本分析视角 [J]. 新金融, 2022 (1): 42-49.

[76] 孙光国, 朱一妮. 股权结构、董事会有效性与财务报告透明度——来自深圳交易所主板上市公司的经验证据 [J]. 宏观经济研究, 2014 (4): 90-96.

[77] 谭劲松, 宋顺林, 吴立扬. 公司透明度的决定因素——基于代理理论和信号理论的经验研究 [J]. 会计研究, 2010 (4): 26-33.

[78] 唐雪松, 林雁. 股市传闻、会计信息透明度与散户认知负向偏差——一项实验研究 [J]. 财经研究, 2014 (5): 31-41.

[79] 陶瑜, 彭龙, 刘寅. 机构投资者行为对信息效率的影响研究 [J]. 北京工商大学学报（社会科学版）, 2016 (5): 87-97.

[80] 田高良, 封华, 张亭. 风险承担、信息不透明与股价同步性 [J]. 系统工程理论与实践, 2019 (3): 578-595.

[81] 童昕, 罗朝璇. 基于企业自愿信息披露的生产者责任延伸履责绩效评价 [J]. 中国人口·资源与环境, 2020 (4): 63-74.

[82] 涂建明, 曹雅琪. 机构投资者实地调研与上市公司财务信息质量 [J]. 金融论坛, 2021 (3): 71-80.

[83] 涂晓岚, 詹雷. "刨根式"问询与招股说明书信息披露 [J]. 财会月刊, 2021 (5): 80-85.

[84] 王海林, 王晓旭. 企业国际化、信息透明度与内部控制质量——基于制造业上市公司的数据 [J]. 审计研究, 2018 (1): 78-85.

[85] 王浩, 向显湖. 上市公司股权激励计划对业绩预告行为的影响——基于中国证券市场的经验证据 [J]. 投资研究, 2015 (6): 98-111.

[86] 王建新, 丁亚楠. 沪深港通背景下的资本市场开放与资源配置效率——基于信息透明度的中介效应研究 [J]. 云南社会科学, 2020 (4): 122-128.

[87] 王克敏, 王华杰, 李栋栋, 等. 年报文本信息复杂性与管理者自

利——来自中国上市公司的证据［J］. 管理世界，2018（12）：120-132.

［88］王丽珍，张简荻，陈华. 信息透明度、银行挤兑与风险传染——基于实验经济学的实证研究［J］. 中央财经大学学报，2020（10）：26-35.

［89］王雄元，刘焱，全怡. 产品市场竞争、信息透明度与公司价值——来自2005年深市上市公司的经验数据［J］. 财贸经济，2009（10）：30-36.

［90］王艳艳，陈汉文. 审计质量与会计信息透明度——来自中国上市公司的经验数据［J］. 会计研究，2006（4）：9-15.

［91］王宇琼. 交易透明度对证券场外交易信息效率的影响［J］. 财经理论与实践，2020（3）：56-63.

［92］王运陈，贺康，万丽梅. MD&A语言真诚性能够提高资本市场定价效率吗——基于股价同步性的分析［J］. 北京工商大学学报（社会科学版），2020（3）：99-112.

［93］魏明海，刘峰，施鲲翔. 论会计透明度［J］. 会计研究，2001（9）：16-20.

［94］魏志华，曾爱民，吴育辉，等. IPO首日限价政策能否抑制投资者"炒新"？［J］. 管理世界，2019（1）：192-210.

［95］吴晓晖，郭晓冬，乔政. 机构投资者网络中心性与股票市场信息效率［J］. 经济管理，2020（6）：153-171.

［96］武翰章，刘维奇. 分析师盈余预测修正与资本市场信息效率［J］. 经济经纬，2022（1）：98-107.

［97］夏一丹，陈婕妤，夏云峰. 交易所问询函对业绩预告质量的影响［J］. 财经科学，2020（11）：41-53.

［98］向诚，陆静. 公司透明度与盈余公告惯性——基于投资者关注的实证研究［J］. 管理科学，2020（3）：138-154.

［99］谢获宝，黄大禹. 会计信息透明度、会计稳健性与上市公司价值关系的实证研究［J］. 预测，2021（4）：88-94.

［100］徐向艺，宋理升，王亚斌. 民营上市公司实际控制人与信息披露透明度研究［J］. 山东大学学报（哲学社会科学版），2010（4）：101-106.

[101] 许罡. 企业社会责任报告强制披露对资产误定价的影响：信息揭示还是掩饰？[J]. 经济与管理研究，2020（7）：61-76.

[102] 薛爽，王禹. 科创板 IPO 审核问询回复函与首发抑价[J]. 管理世界，2022（4）：185-203.

[103] 薛爽，王禹. 科创板 IPO 审核问询有助于新股定价吗——来自机构投资者网下询价意见分歧的经验证据[J]. 财经研究，2022（1）：138-153.

[104] 杨道广，王佳妮，陈汉文. 业绩预告："压力"抑或"治理"——来自企业创新的证据[J]. 南开管理评论，2020（4）：107-119.

[105] 杨秋平，刘红忠. 外资持股、知情交易与股票流动性[J]. 世界经济研究，2022（5）：14-32.

[106] 杨松令，牛登云，刘亭立，等. 实体企业金融化、分析师关注与内部创新驱动力[J]. 管理科学，2019（2）：3-18.

[107] 杨湘琳，阳立高. 会计信息透明度提高了企业风险承担吗——基于企业生命周期视角的经验证据[J]. 财经理论与实践，2021（6）：82-88.

[108] 姚畔. 分析师与媒体关注能够提高资本市场定价效率吗？[D]. 昆明：云南大学，2020.

[109] 姚文韵，沈永建. 资金占用、股价暴跌风险对信息透明度的影响研究[J]. 财经理论与实践，2017（1）：67-73.

[110] 叶小杰，徐可. 科创板与创业板 IPO 信息披露差异研究——基于首批上市公司的比较分析[J]. 管理现代化，2020（4）：7-10.

[111] 游家兴，吴静. 沉默的螺旋：媒体情绪与资产误定价[J]. 经济研究，2012（7）：141-152.

[112] 袁冬梅，王海娇，肖金利. 机构投资者持股、信息透明度与企业社会责任[J]. 重庆社会科学，2021（10）：82-107.

[113] 袁芳英，朱晴. 分析师关注会减少上市公司违规行为吗——基于信息透明度的中介效应[J]. 湖南农业大学学报（社会科学版），2022

(1): 80-88.

[114] 翟光宇, 张博超. 货币政策、公司债务融资与会计信息透明度——基于2004—2014年中国上市公司数据的实证分析 [J]. 国际金融研究, 2017 (5): 36-45.

[115] 翟淑萍, 韩贤. 财务问询监管提高了资本市场定价效率吗 [J]. 现代经济探讨, 2021 (5): 47-55.

[116] 詹雷, 韩金石. 注册制下风险因素信息披露改善了吗——基于首批25家科创板上市企业的分析 [J]. 中国注册会计师, 2021 (7): 39-45.

[117] 张程睿, 王华. 公司信息透明度: 经验研究与未来展望 [J]. 会计研究, 2006 (12): 54-60.

[118] 张飞, 周孝华. 招股书模糊信息对IPO首日收益的影响研究 [J]. 管理工程学报, 2020 (4): 34-43.

[119] 张光利, 薛慧丽, 高皓. 企业IPO价值审核与股票市场表现 [J]. 经济研究, 2021 (10): 155-171.

[120] 张浩, 陶伦琛. 资本市场对外开放会提升市场信息效率吗——基于境外投资者视角 [J]. 南方金融, 2021 (11): 51-64.

[121] 张肖飞, 张钟化. 卖空压力下资产误定价与企业资本投资研究 [J]. 经济经纬, 2019 (6): 141-148.

[122] 张艺琼, 冯均科, 彭珍珍. 公司战略变革、内部控制质量与管理层业绩预告 [J]. 审计与经济研究, 2019 (6): 68-77.

[123] 张原野, 白彩全. 机构交易规模与市场信息环境——基于信息不对称视角的理论与实证研究 [J]. 预测, 2019 (5): 66-74.

[124] 张宗新, 滕俊樑. 注册制询价改革能否提高IPO定价效率——基于科创板试点注册制改革的研究视角 [J]. 上海金融, 2020 (8): 24-30.

[125] 张宗新, 吴钊颖. 科创板基础性制度改革能否提升市场定价效率? [J]. 证券市场导报, 2021 (4): 33-46.

[126] 张宗新, 周嘉嘉. 分析师关注能否提高上市公司信息透明度——基于盈余管理的视角 [J]. 财经问题研究, 2019 (12): 49-57.

[127] 周冬华, 周红. 上市公司信息披露质量度量研究述评 [J]. 中国注册会计师, 2009 (10): 35-39.

[128] 周兰, 谢海强. 宏观经济波动、企业信贷融资与信息透明度 [J]. 中南财经政法大学学报, 2013 (5): 11-17.

[129] 周晓苏, 李进营. 深交所信息披露考评公告的市场效应研究 [J]. 证券市场导报, 2010 (3): 58-65.

[130] 周中胜, 陈汉文. 会计信息透明度与资源配置效率 [J]. 会计研究, 2008 (12): 56-62.

[131] 朱红军, 何贤杰, 陶林. 信息源、信息搜寻与市场吸收效率——基于证券分析师盈利预测修正的经验证据 [J]. 财经研究, 2008 (5): 63-74.

[132] 朱民武. 融券卖空与价格发现——来自 A 股市场的经验证据 [J]. 证券市场导报, 2015 (5): 43-51.

[133] 朱鹏, 张亚澜. 科创板企业招股说明书的文本信息披露质量分析与评价 [J]. 财会月刊, 2022 (6): 76-82.

[134] 祝继高, 梁晓琴, 王春飞. 信息透明度如何影响"一带一路"倡议下中国企业对外直接投资区位选择 [J]. 国际商务（对外经济贸易大学学报）, 2020 (6): 46-61.

[135] Ajinkya B B, S Bhojraj, P Sengupta. The association between outside directors, institutional investors and the properties of management earnings forecasts [J]. Journal of Accounting Research, 2005, 43 (3): 343-376.

[136] Amihud Y. Illiquidity and stock returns: cross-section and time-series effects [J]. Journal of Financial Markets, 2002, 5 (1): 31-56.

[137] Amihud Y, Mendelson H. Market microstructure and price discovery on the Tokyo Stock Exchange [J]. Japan and the World Economy, 1989, 1 (4): 341-370.

[138] Armstrong C S, Core J E, Guay W R. Do independent directors cause improvements in firmtransparency? [J]. Journal of Financial Economics, 2014, 113 (3): 383-403.

[139] Arnold T, Fishe R P, North D. The effects of ambiguous information on initial and subsequent IPO returns [J]. Financial Management, 2010, 39 (4): 1497-1519.

[140] Baik B, Farber D B, Lee S. CEO ability and management earnings forecasts [J]. Contemporary Accounting Research, 2011, 28 (5): 1645-1668.

[141] Ball R, Brown P. An empirical evaluation of accounting income numbers [J]. Journal of Accounting Research, 1968, 6 (2): 159-178.

[142] Ball R, Gerakos J, Linnainmaa J T, et al. Accruals, cash flows, and operating profitability in the cross section of stock returns [J]. Journal of Financial Economics, 2016, 121 (1): 28-45.

[143] Banerjee S, Davis J, Gondhi N. When transparency improves, must prices reflect fundamentals better [J]. The Review of Financial Studies, 2018, 31 (6): 2377-2414.

[144] Baron R M, Kenny D. The moderator-mediator variable distinction in social psychological research: conceptual, strategic, and statistical considerations [J]. Journal of Personality and Social Psychology, 1986, 51 (6): 1173-1182.

[145] Barth M E, Konchitchki Y, Landsman W R. Cost of capital and earnings transparency [J]. Journal of Accounting and Economics, 2013, 55 (2-3): 206-224.

[146] Bassen A, Mama H B, Ramaj H. Investor relations: a comprehensive overview [J]. Journal für Betriebswirtschaft, 2010, 60 (1): 49-79.

[147] Bens D A, Monahan S J. Disclosure quality and the excess value of diversification [J]. Journal of Accounting Research, 2004, 42 (4): 691-730.

[148] Bhattacharya U, Daouk H, Welker M. The world price of earnings opacity [J]. The Accounting Review, 2003, 78 (3): 641-678.

[149] Biais B, Hillion P, Spatt C. Price discovery and learning during the preopening period in the paris bourse [J]. Journal of Political Economy, 1999, 107 (6): 1218 – 1248.

[150] Boone A L, White J. The effect of institutional ownership on firm transparency and information production [J]. Journal of Financial Economics, 2015, 117 (3): 508 – 533.

[151] Botosan C A, Plumlee M A, Xie Y. The role of information precision in determining the cost of equity capital [J]. The Review of Accounting Studies, 2004, 9 (2 – 3): 233 – 259.

[152] Bozanic Z, Dietrich J R, Johnson B A. SEC comment letters and firm disclosure [J]. Journal of Accounting and Public Policy, 2017, 36 (5): 337 – 357.

[153] Bushman R M, Piotroski J D, Smith A J. What determines corporate transparency [J]. Journal of Accounting Research, 2004, 42 (2): 207 – 251.

[154] Campbell L, Gulas C S, Gruca T S. Corporate giving behavior and decision – maker social consciousness [J]. Journal of Business Ethics, 1999, 19 (4): 375 – 383.

[155] Cao Z, G Narayanamoorthy. The effect of litigation risk on management earnings forecasts [J]. Contemporary Accounting Research, 2011, 28 (1): 125 – 173.

[156] Chan K, Hameed A. Stock price synchronicity and analyst coverage in emerging markets [J]. Journal of Financial Economics, 2006, 80 (1): 115 – 147.

[157] Chen J Z, Lobo G J, Zhang J H. Accounting quality, liquidity risk, and post – earnings – announcement drift [J]. Contemporary Accounting Research, 2017, 34 (3): 1649 – 1680.

[158] Cho S Y, Lee C, Pfeiffer Jr R J. Corporate social responsibility performance and information asymmetry [J]. Journal of Accounting and Public Poli-

cy, 2013, 32 (1): 71 -83.

[159] Comerton - Forde C, Lau S T, McInish T H. Opening and closing behavior following the introduction of call auctions in Singapore [J]. Pacific - Basin Finance Journal, 2007, 15 (1): 18 -35.

[160] Durnev A, Morck R, Yeung B. Value - enhancing capital budgeting and firm - specific stock return variation [J]. The Journal of Finance, 2004, 59 (1): 65 -105.

[161] Faria - E - Castro M, Martinez J, Philippon T. Runs versus lemons: information disclosure and fiscal capacity [J]. Review of Economic Studies, 2017, 84 (4): 1683 -1707.

[162] Fassin Y. The reasons behind non - ethical behaviour in business and entrepreneurship [J]. Journal of Business Ethics, 2005, 60 (3): 265 -279.

[163] Francis J, Nanda D, Olsson P. Voluntary disclosure, earnings quality, and cost of capital [J]. Journal of Accounting Research, 2008, 46 (1): 53 -99.

[164] Garriga E, Melé D. Corporate social responsibility theories: Mapping the territory [J]. Journal of Business Ethics, 2004, 53 (1 -2): 51 -71.

[165] Gelb D S, Zarowin P. Corporate disclosure policy and the informativeness of stock prices [J]. Review of Accounting Studies, 2002, 7 (1): 33 -52.

[166] Goldstein I, Guembel A. Manipulation and the allocational role of prices [J]. The Review of Economic Studies, 2008, 75 (1): 133 -164.

[167] Gonzalo Jesus, Granger Clive, Estimation of common Long - Memory components in cointegrated systems [J]. Journal of Business & Economic Statistics, 1995, 13 (1): 27 -35.

[168] Han B, Tang Y, Yang L. Public information and uninformed trading: Implications for market liquidity and price efficiency [J]. Journal of Economic Theory, 2016, 163 (5): 604 -643.

[169] Healy P M, Palepu K G. Information asymmetry, corporate disclosure, and the capital markets: A review of the empirical disclosure literature [J]. Journal of Accounting and Economics, 2001, 31 (1-3): 405-440.

[170] Heckman J J. Sample selection bias as a specification error [J]. Econometrica, 1979, 47 (1): 153-161.

[171] Jensen M. Value maximisation, stakeholder theory, and the corporate objective function [J]. European Financial Management, 2001, 7 (3): 297-317.

[172] Jin L, Myers S C. R^2 around the world: New theory and new tests [J]. Journal of Financial Economics, 2006, 79 (2): 257-292.

[173] Jones T M. Instrumental stakeholder theory: A synthesis of ethics and economics [J]. The Academy of Management Review, 1995, 20 (2): 404-437.

[174] Kimbrough M D, H Louis. Voluntary disclosure to influence investor reactions to merger announcements: An examination of conference calls [J]. The Accounting Review, 2011, 86 (2): 637-667.

[175] King R, Pownall G, Waymire G. Expectations adjustment via timely management forecasts: Review, synthesis, and suggestions for future research [J]. Journal of Accounting Literature, 1990, 9 (1): 113-144.

[176] Kotchen M, Moon J J. Corporate social responsibility for irresponsibility [J]. The B. E. Journal of Economic Analysis & Policy, 2012, 12 (1): 1-23.

[177] Lang M H, Lundholm R j. Voluntary disclosure and equity offerings: Reducing information asymmetry or hyping the stock [J]. Contemporary Accounting Research, 2000, 17 (4): 623-662.

[178] Lang M, Lins K V, Maffett M. Transparency, liquidity, and valuation: international evidence on when transparency matters most [J]. Journal of Accounting Research, 2012, 50 (3): 729-774.

[179] Lee D. Corporate social responsibility and management forecast accuracy [J]. Journal of Business Ethics, 2017, 140 (2): 353 - 367.

[180] Leuz C, Verrecchia R E. The economic consequences of increased disclosure [J]. Journal of Accounting Research, 2000, 38: 91 - 124.

[181] Lins K V, Servaes H. Tamayo A. Social capital, trust, and firm performance: The value of corporate social responsibility during the financial crisis [J]. The Journal of Finance, 2017, 72 (4): 1785 - 1824.

[182] Li Q, Liu X, Chen J, Wang H. Does stock market liberalization reduce stock price synchronicity? Evidence from the Shanghai - Hong Kong Stock Connect [J]. International Review of Economics & Finance, 2022, 77: 25 - 38.

[183] Loughran T, McDonald B. Measuring readability in financial disclosures [J]. The Journal of Finance, 2014, 69 (4): 1643 - 1671.

[184] Lu R, Xu L B. Asymmetric effects of policy information on China's stock markets [J]. China Economic Quarterly, 2004, 3 (2): 319 - 330.

[185] Miller P B W, Bahnson P R. Quality financial reporting [M]. New York: McGraw - Hill, 2002.

[186] Minor D, Morgan J. CSR as reputation insurance: Primum non nocere [J]. California Management Review, 2011, 53 (3): 40 - 59.

[187] Morck R, Yeung B, Yu W. The information content of stock markets: Why do emerging markets have synchronous stock price movements? [J] Journal of Financial Economics, 2000, 58 (1 - 2): 215 - 260.

[188] Nagar V, D Nanda, P Wysocki. Discretionary disclosure and stock - based incentives [J]. Journal of Accounting and Economics, 2003, 34 (1 - 3): 283 - 309.

[189] Pagano M, Schwartz R. A closing call's impact on market quality at Euronext Paris [J]. Journal of Financial Economics, 2003, 68 (3): 439 - 484.

[190] Piotroski J D, Wong T J, Zhang T. Political incentives to suppress negative information: evidence from chinese listed firms [J]. Journal of Accounting Research, 2015, 53 (2): 405 - 459.

[191] Rogers J L, P C Stocken. Credibility of management forecasts [J]. The Accounting Review, 2005, 80 (4): 1233 - 1260.

[192] Roll R. R^2 [J]. Journal of Finance, 1988, 43 (2): 541 - 566.

[193] Ruan L, Liu H, Tsai S. XBRL Adoption and capital market information efficiency [J]. Journal of Global Information Management, 2021, 29 (6): 1 - 18.

[194] Schreiber P S, Schwartz R A. Price discovery in securities markets [J]. Journal of Portfolio Management, 1986, 12 (4): 43 - 48.

[195] Stulz R M. Securities laws, disclosure, and national capital markets in the age of financial globalization [J]. Journal of Accounting Research, 2009, 47 (2): 349 - 390.

[196] Waymire G. Earnings volatility and voluntary management forecast disclosure [J]. Journal of Accounting Research, 1985, 23 (1): 268 - 295.

[197] Welker M. Disclosure policy, information asymmetry, and liquidity in equity markets [J]. Contemporary Accounting Research, 1995, 11 (2): 801 - 827.

[198] Yu F F. Analyst coverage and earnings management [J]. Journal of Financial Economics, 2008, 88 (2): 245 - 271.

附　　录

部分科创板上市公司 IPO 招股说明书（注册稿）文本特征数据

公司名称	总含词量（个）	符号数量（个）	专业词汇占比（%）	负面词汇占比（%）
合肥颀中科技股份有限公司	226 768	46 903	0.0128	0.0357
中船（邯郸）派瑞特种气体股份有限公司	224 936	43 412	0.0542	0.0462
湖南华曙高科技股份有限公司	231 728	43 484	0.0173	0.0220
无锡囗联科技股份有限公司	213 637	43 930	0.0150	0.0454
上海南芯半导体科技股份有限公司	203 468	41 080	0.0162	0.0305
南京高华科技股份有限公司	174 230	36 690	0.0207	0.0488
西安高压电器研究院股份有限公司	336 289	62 327	0.0220	0.0455
武汉逸飞激光股份有限公司	228 520	46 792	0.0057	0.0494
湖南航天环宇通信科技股份有限公司	228 486	47 003	0.0328	0.0420
南京茂莱光学科技股份有限公司	230 757	46 864	0.0204	0.0191
苏州光格科技股份有限公司	240 991	44 798	0.0282	0.0544
苏州锴威特半导体股份有限公司	230 640	41 627	0.0282	0.0542
广州慧智微电子股份有限公司	323 102	58 943	0.0325	0.0139
深圳云天励飞技术股份有限公司	346 929	53 168	0.0487	0.0476
上海新相微电子股份有限公司	221 528	44 066	0.0144	0.0348
航天南湖电子信息技术股份有限公司	196 567	41 053	0.0305	0.0677

续表1

公司名称	总含词量（个）	符号数量（个）	专业词汇占比（%）	负面词汇占比（%）
重庆智翔金泰生物制药股份有限公司	228 981	43 777	0.0201	0.0306
龙迅半导体（合肥）股份有限公司	237 853	43 623	0.0231	0.0454
中邮科技股份有限公司	244 178	49 050	0.0213	0.0438
北京航空材料研究院股份有限公司	262 378	47 172	0.0328	0.0393
北京天玛智控科技股份有限公司	308 370	58 088	0.0149	0.0357
裕太微电子股份有限公司	180 289	39 607	0.0449	0.0422
广东纳睿雷达科技股份有限公司	226 731	37 828	0.0463	0.0490
北京九州一轨环境科技股份有限公司	253 982	52 776	0.0165	0.0504
嘉兴中润光学科技股份有限公司	275 976	48 951	0.0167	0.0449
上海英方软件股份有限公司	231 621	42 902	0.0350	0.0363
绍兴中芯集成电路制造股份有限公司	183 345	39 722	0.0202	0.0644
上海索辰信息科技股份有限公司	220 110	44 957	0.0254	0.0463
重庆山外山血液净化技术股份有限公司	241 045	49 402	0.0191	0.0303
四川百利天恒药业股份有限公司	326 710	60 484	0.0092	0.0239
杭州萤石网络股份有限公司	364 809	62 532	0.0206	0.0332
深圳精智达技术股份有限公司	221 578	42 184	0.0397	0.0551
深圳佰维存储科技股份有限公司	235 854	49 685	0.0195	0.0449
北京神舟航天软件技术股份有限公司	211 734	44 229	0.0189	0.0529
陕西源杰半导体科技股份有限公司	227 155	43 372	0.0163	0.0357
美芯晟科技（北京）股份有限公司	204 737	40 009	0.0161	0.0401
江苏微导纳米科技股份有限公司	222 414	41 427	0.0207	0.0355
杭州安杰思医学科技股份有限公司	201 419	40 394	0.0263	0.0477
南京晶升装备股份有限公司	227 701	43 823	0.0272	0.0597
三未信安科技股份有限公司	238 424	46 022	0.0214	0.0570
苏州清越光电科技股份有限公司	263 297	50 637	0.0182	0.0418
江苏华海诚科新材料股份有限公司	231 578	47 015	0.0263	0.0557
北京晶品特装科技股份有限公司	267 304	49 739	0.0183	0.0453

续表2

公司名称	总含词量（个）	符号数量（个）	专业词汇占比（%）	负面词汇占比（%）
北京燕东微电子股份有限公司	287 074	50 108	0.0132	0.0331
天津美腾科技股份有限公司	284 197	54 019	0.0320	0.0391
常州聚和新材料股份有限公司	188 656	37 543	0.0424	0.0429
美埃（中国）环境科技股份有限公司	248 416	50 748	0.0169	0.0399
杰华特微电子股份有限公司	220 069	42 973	0.0541	0.0577
武汉长盈通光电技术股份有限公司	265 011	52 650	0.0230	0.0540
安徽耐科装备科技股份有限公司	213 473	41 778	0.0239	0.0487
甬矽电子（宁波）股份有限公司	253 435	51 957	0.0170	0.0245
赛恩斯环保股份有限公司	262 877	45 073	0.0422	0.0312
有研半导体硅材料股份公司	219 744	39 478	0.0237	0.0619
湖南麒麟信安科技股份有限公司	239 118	43 372	0.0318	0.0502
上海伟测半导体科技股份有限公司	205 489	38 921	0.0200	0.0370
星环信息科技（上海）股份有限公司	289 794	58 749	0.0179	0.0462
上海毕得医药科技股份有限公司	217 859	41 541	0.0119	0.0353
江苏康为世纪生物科技股份有限公司	232 609	43 325	0.0228	0.0374
上海灿瑞科技股份有限公司	172 376	36 307	0.0249	0.0615
北京金橙子科技股份有限公司	177 526	34 174	0.0242	0.0721
苏州近岸蛋白质科技股份有限公司	210 575	52 373	0.0199	0.0546
北京永信至诚科技股份有限公司	245 902	42 313	0.0207	0.0451
诺诚健华医药有限公司	280 059	51 574	0.0186	0.0329
南京磁谷科技股份有限公司	171 153	35 630	0.0310	0.0590
邦彦技术股份有限公司	341 267	60 094	0.0264	0.0407
上海骄成超声波技术股份有限公司	217 861	40 661	0.0262	0.0509
哈尔滨国铁科技集团股份有限公司	279 131	52 001	0.0219	0.0419
湖北万润新能源科技股份有限公司	275 934	50 226	0.0210	0.0602
科捷智能科技股份有限公司	249 069	42 846	0.0161	0.0506
中信科移动通信技术股份有限公司	397 193	59 290	0.0149	0.0222

续表 3

公司名称	总含词量（个）	符号数量（个）	专业词汇占比（％）	负面词汇占比（％）
苏州浩辰软件股份有限公司	236 823	42 882	0.0384	0.0473
深圳天德钰科技股份有限公司	221 323	44 925	0.0289	0.0605
钜泉光电科技（上海）股份有限公司	222 688	41 958	0.0175	0.0422
北京通美晶体技术股份有限公司	201 559	40 470	0.0318	0.0531
上海宣泰医药科技股份有限公司	233 745	41 276	0.0205	0.0402
上海奥浦迈生物科技股份有限公司	200 265	40 305	0.0280	0.0459
深圳华大智造科技股份有限公司	375 205	59 736	0.0586	0.0293
烟台德邦科技股份有限公司	200 873	39 540	0.0224	0.0538
上海联影医疗科技股份有限公司	350 182	53 213	0.0174	0.0206
深圳中科飞测科技股份有限公司	167 800	33 608	0.0256	0.0447
恒烁半导体（合肥）股份有限公司	203 351	39 339	0.0226	0.0482
苏州盛科通信股份有限公司	230 957	44 238	0.0693	0.0277
江苏帝奥微电子股份有限公司	230 038	46 378	0.0200	0.0361
深圳市路维光电股份有限公司	210 513	43 941	0.0200	0.0599
合肥新汇成微电子股份有限公司	242 656	44 780	0.0346	0.0519
中巨芯科技股份有限公司	238 909	46 629	0.0096	0.0306
上海盟科药业股份有限公司	235 506	42 890	0.0149	0.0297
南京麦澜德医疗科技股份有限公司	215 491	44 467	0.0404	0.0353
杭州晶华微电子股份有限公司	168 294	36 574	0.0137	0.0362
上海丛麟环保科技股份有限公司	227 115	46 557	0.0225	0.0365
浙江海正生物材料股份有限公司	275 105	46 486	0.0305	0.0418
北京浩瀚深度信息技术股份有限公司	193 888	43 359	0.0315	0.0578
益方生物科技（上海）股份有限公司	252 727	45 518	0.0135	0.0265
海光信息技术股份有限公司	216 711	42 142	0.0189	0.0448
江苏菲沃泰纳米科技股份有限公司	254 777	41 789	0.0157	0.0400
浙江帕瓦新能源股份有限公司	180 592	37 611	0.0210	0.0676
中微半导体（深圳）股份有限公司	206 716	43 805	0.0300	0.0319

续表4

公司名称	总含词量（个）	符号数量（个）	专业词汇占比（%）	负面词汇占比（%）
合肥晶合集成电路股份有限公司	281 664	52 165	0.0209	0.0419
成都思科瑞微电子股份有限公司	233 230	42 321	0.0262	0.0540
江苏华盛锂电材料股份有限公司	211 182	39 813	0.0180	0.0630
江苏隆达超合金股份有限公司	275 369	51 246	0.0171	0.0490
深圳市中科蓝讯科技股份有限公司	239 604	46 043	0.0213	0.0376
奥比中光科技集团股份有限公司	290 386	51 859	0.0337	0.0351
南京国博电子股份有限公司	217 486	40 389	0.0143	0.0418
北京英诺特生物技术股份有限公司	209 246	39 175	0.0196	0.0588
中航（成都）无人机系统股份有限公司	223 956	40 716	0.0246	0.0384
昱能科技股份有限公司	197 977	39 261	0.0359	0.0379
贵州振华风光半导体股份有限公司	215 592	40 723	0.0431	0.0830
三一重能股份有限公司	386 282	65 629	0.0093	0.0295
湖北超卓航空科技股份有限公司	218 707	41 143	0.0215	0.0690
龙芯中科技术股份有限公司	180 489	35 404	0.0532	0.0427
无锡市德科立光电子技术股份有限公司	198 840	40 579	0.0282	0.0302
华海清科股份有限公司	228 879	39 301	0.0218	0.0551
中钢洛耐科技股份有限公司	400 614	66 153	0.0147	0.0354
深圳市必易微电子股份有限公司	181 014	35 161	0.0188	0.0398
用友汽车信息科技（上海）股份有限公司	183 313	36 430	0.0344	0.0447
凌云光技术股份有限公司	312 194	60 031	0.0192	0.0375
云从科技集团股份有限公司	351 546	59 247	0.0205	0.0239
大连优迅科技股份有限公司	141 388	31 876	0.0304	0.0919
思特威（上海）电子科技股份有限公司	250 189	47 636	0.0212	0.0288
江苏集萃药康生物科技股份有限公司	284 576	48 411	0.0176	0.0587
拓荆科技股份有限公司	191 491	39 045	0.0178	0.0251

续表 5

公司名称	总含词量（个）	符号数量（个）	专业词汇占比（%）	负面词汇占比（%）
浙江禾川科技股份有限公司	219 823	43 335	0.0209	0.0605
杭州景业智能科技股份有限公司	195 784	41 008	0.0179	0.0807
合肥井松智能科技股份有限公司	232 819	46 377	0.0172	0.0692
广东赛微微电子股份有限公司	160 758	34 065	0.0131	0.0361
峰岹科技（深圳）股份有限公司	180 428	40 148	0.0260	0.0333
赛特斯信息科技股份有限公司	234 278	48 621	0.0158	0.0397
深圳英集芯科技股份有限公司	285 632	50 754	0.0151	0.0301
上海仁度生物科技股份有限公司	261 130	50 474	0.0069	0.0437
苏州纳芯微电子股份有限公司	241 435	49 060	0.0157	0.0319
上海芯龙半导体技术股份有限公司	174 850	34 488	0.0280	0.0360
中复神鹰碳纤维股份有限公司	233 087	43 037	0.0249	0.0781
广东安达智能装备股份有限公司	209 967	43 047	0.0357	0.0676
苏州长光华芯光电技术股份有限公司	233 494	44 813	0.0180	0.0501
普源精电科技股份有限公司	259 672	49 666	0.0300	0.0589
苏州德龙激光股份有限公司	251 104	46 038	0.0163	0.0331
首药控股（北京）股份有限公司	165 970	32 629	0.0362	0.0362
荣昌生物制药（烟台）股份有限公司	340 465	57 439	0.0652	0.0317
广州思林杰科技股份有限公司	224 671	44 194	0.0334	0.0338
北京理工导航控制科技股份有限公司	201 520	39 065	0.0283	0.0372
上海赛伦生物技术股份有限公司	203 759	42 806	0.0275	0.0888
和元生物技术（上海）股份有限公司	254 574	51 571	0.0244	0.0361
陕西斯瑞新材料股份有限公司	237 477	47 406	0.0164	0.0745
珠海高凌信息科技股份有限公司	268 504	51 268	0.0127	0.0324
宁波均普智能制造股份有限公司	299 876	57 377	0.0207	0.0567
陕西华秦科技实业股份有限公司	229 745	45 795	0.0300	0.0518
北京格灵深瞳信息技术股份有限公司	225 285	44 522	0.0324	0.0448
亚信安全科技股份有限公司	296 929	57 326	0.0253	0.0350

续表6

公司名称	总含词量（个）	符号数量（个）	专业词汇占比（%）	负面词汇占比（%）
阿特斯阳光电力集团股份有限公司	568 257	80 186	0.0151	0.0310
福建福特科光电股份有限公司	209 067	43 770	0.0416	0.0531
成都坤恒顺维科技股份有限公司	179 302	33 894	0.0234	0.0569
中触媒新材料股份有限公司	234 598	46 657	0.0848	0.0840
北京经纬恒润科技股份有限公司	292 836	54 160	0.0109	0.0174
晶科能源股份有限公司	380 043	69 778	0.0350	0.0455
陕西莱特光电材料股份有限公司	295 675	54 059	0.0176	0.0541
迈威（上海）生物科技股份有限公司	290 739	54 061	0.0182	0.0657
山东天岳先进科技股份有限公司	166 257	36 161	0.0198	0.0313
广东希荻微电子股份有限公司	293 777	54 202	0.0119	0.0487
翱捷科技股份有限公司	329 278	64 493	0.0140	0.0428
无锡市好达电子股份有限公司	193 177	40 676	0.0238	0.0512
百济神州有限公司	377 421	60 170	0.0111	0.0119
广州市品高软件股份有限公司	248 425	50 651	0.0205	0.0572
苏州国芯科技股份有限公司	269 162	51 034	0.0264	0.0498
江苏亚虹医药科技股份有限公司	223 312	44 605	0.0237	0.0376
上海南方模式生物科技股份有限公司	205 866	39 203	0.0296	0.0719
上海概伦电子股份有限公司	191 728	39 557	0.0203	0.0548
北京市春立正达医疗器械股份有限公司	236 113	47 747	0.0271	0.0182
西安炬光科技股份有限公司	272 594	49 890	0.0165	0.0422
嘉和美康（北京）科技股份有限公司	278 330	53 524	0.0216	0.0521
苏州东微半导体股份有限公司	187 525	39 221	0.0160	0.0613
浙江臻镭科技股份有限公司	232 718	44 624	0.0228	0.0511
杭州禾迈电力电子股份有限公司	226 375	44 238	0.0208	0.0680
迪哲（江苏）医药股份有限公司	180 223	36 608	0.0449	0.0305
东芯半导体股份有限公司	219 606	44 884	0.0182	0.0610
南方电网电力科技股份有限公司	286 352	56 028	0.0339	0.0426

续表 7

公司名称	总含词量（个）	符号数量（个）	专业词汇占比（%）	负面词汇占比（%）
上海芯导电子科技股份有限公司	177 578	37 930	0.0287	0.0507
湖北华强科技股份有限公司	236 421	42 837	0.0165	0.0512
深圳市泛海统联精密制造股份有限公司	243 668	47 068	0.0234	0.0710
苏州华之杰电讯股份有限公司	242 424	52 025	0.0330	0.0507
杭州安旭生物科技股份有限公司	243 692	49 349	0.0168	0.0624
炬芯科技股份有限公司	257 277	49 105	0.0676	0.0190
青岛云路先进材料技术股份有限公司	214 889	45 135	0.0363	0.0745
江苏灿勤科技股份有限公司	200 478	47 773	0.0249	0.0688
旷视科技有限公司	249 331	49 168	0.0176	0.0493
广东百合医疗科技股份有限公司	270 353	52 386	0.0244	0.0351
上海澳华内镜股份有限公司	210 349	38 864	0.0280	0.0547
辽宁成大生物股份有限公司	243 125	46 876	0.0304	0.0765
北京佰仁医疗科技股份有限公司	242 204	46 363	0.0202	0.0524
深圳传音控股股份有限公司	337 398	57 793	0.0122	0.0471
山石网科通信技术股份有限公司	332 065	60 308	0.0139	0.0226
华熙生物科技股份有限公司	367 929	61 377	0.0334	0.0381
上海晶丰明源半导体股份有限公司	233 586	45 629	0.0531	0.0424
深圳传音控股股份有限公司	337 398	57 793	0.0122	0.0471
山石网科通信技术股份有限公司	332 065	60 308	0.0139	0.0226
交控科技股份有限公司	235 292	42 884	0.0179	0.0323